Kohlhammer

Störungsspezifische Psychotherapie

Herausgegeben von
Anil Batra und Alexandra Philipsen

Weitergeführt von
Anil Batra und Fritz Hohagen

Begründet von
Anil Batra und Gerhard Buchkremer

Eine Übersicht aller lieferbaren und im Buchhandel angekündigten Bände der Reihe finden Sie unter:

 https://shop.kohlhammer.de/stoerungsspezifische-psychotherapie

Die Autoren

Dr. rer. nat. Dipl.-Psych. Isabel Brandhorst ist Psychotherapeutin und Leiterin der Forschungsgruppe Internetnutzungsstörungen am Universitätsklinikum Tübingen (UKT).
Dr. phil. Kay Petersen, Dipl.-Psych. und Psychotherapeut, ist wissenschaftlicher Projektleiter für Studien der Sektion Suchtmedizin und Suchtforschung am UKT.
Sara Hanke, Dipl.-Psych., ist Mitarbeiterin der Sektion Suchtmedizin und Suchtforschung, Schwerpunkt Internetnutzungsstörungen, am UKT.
Dr. med. Gottfried Maria Barth, M.A., Facharzt für Kinder- und Jugendpsychiatrie und -psychotherapie, Facharzt für Kinder- und Jugendmedizin, Psychoanalytiker, ist Stellvertretender Ärztlicher Direktor der Abteilung für Psychiatrie, Psychosomatik und Psychotherapie im Kindes- und Jugendalter am UKT.
Prof. Dr. med. Anil Batra, Facharzt für Psychiatrie und Psychotherapie, ist Stellvertretender Ärztlicher Direktor und Leiter der Sektion Suchtmedizin und Suchtforschung der Klinik für Psychiatrie und Psychotherapie im Erwachsenenalter am UKT.

Isabel Brandhorst
Kay Petersen
Sara Hanke
Gottfried Barth
Anil Batra

Internetsucht: Eltern stärken!

Ein manualisiertes Gruppentraining

Verlag W. Kohlhammer

Dieses Werk einschließlich aller seiner Teile ist urheberrechtlich geschützt. Jede Verwendung außerhalb der engen Grenzen des Urheberrechts ist ohne Zustimmung des Verlags unzulässig und strafbar. Das gilt insbesondere für Vervielfältigungen, Übersetzungen, Mikroverfilmungen und für die Einspeicherung und Verarbeitung in elektronischen Systemen.

Pharmakologische Daten, d. h. u. a. Angaben von Medikamenten, ihren Dosierungen und Applikationen, verändern sich fortlaufend durch klinische Erfahrung, pharmakologische Forschung und Änderung von Produktionsverfahren. Verlag und Autoren haben große Sorgfalt darauf gelegt, dass alle in diesem Buch gemachten Angaben dem derzeitigen Wissensstand entsprechen. Da jedoch die Medizin als Wissenschaft ständig im Fluss ist, da menschliche Irrtümer und Druckfehler nie völlig auszuschließen sind, können Verlag und Autoren hierfür jedoch keine Gewähr und Haftung übernehmen. Jeder Benutzer ist daher dringend angehalten, die gemachten Angaben, insbesondere in Hinsicht auf Arzneimittelnamen, enthaltene Wirkstoffe, spezifische Anwendungsbereiche und Dosierungen anhand des Medikamentenbeipackzettels und der entsprechenden Fachinformationen zu überprüfen und in eigener Verantwortung im Bereich der Patientenversorgung zu handeln. Aufgrund der Auswahl häufig angewendeter Arzneimittel besteht kein Anspruch auf Vollständigkeit.

Die Wiedergabe von Warenbezeichnungen, Handelsnamen und sonstigen Kennzeichen in diesem Buch berechtigt nicht zu der Annahme, dass diese von jedermann frei benutzt werden dürfen. Vielmehr kann es sich auch dann um eingetragene Warenzeichen oder sonstige geschützte Kennzeichen handeln, wenn sie nicht eigens als solche gekennzeichnet sind.

Es konnten nicht alle Rechtsinhaber von Abbildungen ermittelt werden. Sollte dem Verlag gegenüber der Nachweis der Rechtsinhaberschaft geführt werden, wird das branchenübliche Honorar nachträglich gezahlt.

Dieses Werk enthält Hinweise/Links zu externen Websites Dritter, auf deren Inhalt der Verlag keinen Einfluss hat und die der Haftung der jeweiligen Seitenanbieter oder -betreiber unterliegen. Zum Zeitpunkt der Verlinkung wurden die externen Websites auf mögliche Rechtsverstöße überprüft und dabei keine Rechtsverletzung festgestellt. Ohne konkrete Hinweise auf eine solche Rechtsverletzung ist eine permanente inhaltliche Kontrolle der verlinkten Seiten nicht zumutbar. Sollten jedoch Rechtsverletzungen bekannt werden, werden die betroffenen externen Links soweit möglich unverzüglich entfernt.

1. Auflage 2025

Alle Rechte vorbehalten
© W. Kohlhammer GmbH, Stuttgart
Gesamtherstellung: W. Kohlhammer GmbH, Heßbrühlstraße 69, 70565 Stuttgart
produktsicherheit@kohlhammer.de

Print:
ISBN 978-3-17-039472-8

E-Book-Formate:
pdf: ISBN 978-3-17-039473-5
epub: ISBN 978-3-17-039474-2

Geleitwort zur Buchreihe

Wer in die Vergangenheit blickt, stellt fest: Psychotherapie ist immer im Wandel.

Nach einer Phase der methodenspezifischen Diversifizierung spielen in der heutigen ambulanten und stationären Versorgung von Patientinnen und Patienten mit psychischen Erkrankungen störungsspezifische Behandlungsansätze eine zunehmende Rolle. In vielen Fällen sind diese verhaltenstherapeutisch geprägt und multimodal aufgebaut. Dabei werden nicht nur schulenübergreifend wirksame Behandlungskomponenten, sondern auch Erkenntnisse zu Basisvariablen der psychotherapeutischen Arbeit verwendet und integriert.

Die Reihe »Störungsspezifische Psychotherapie« hat die störungsspezifische Entwicklung bereits im Jahr 2004 aufgegriffen und bietet mittlerweile für über 20 Störungsbilder evidenzbasierte Manuale an. Klassische Themen wie die Therapie von Angst- oder Essstörungen, Suchterkrankungen oder Psychosen wurden um störungsspezifische Anleitungen für die Behandlung von Symptomen, Syndromen oder speziellen Fragestellungen (Tourettesyndrom, Adipositasbehandlung, Insomnie, stationäre Behandlungsbesonderheiten u.v.m.) ergänzt und durch einzelne Manuale zu Techniken und verwandten Methoden in der Psychotherapie (Achtsamkeitstraining, Hypnotherapie, Interpersonelle Therapie) erweitert.

Die Reihe »Störungsspezifische Psychotherapie« wurde 2004 begründet von Anil Batra und Gerhard Buchkremer, in der Folge weitergeführt von Anil Batra und Fritz Hohagen und mittlerweile herausgeben von Anil Batra und Alexandra Philippsen. Die Buchreihe wird fortlaufend erweitert und aktualisiert, wobei neue Techniken, alternative Vorgehensweisen und die aktuelle Studienlage berücksichtigt werden. Damit sollen die Bände psychotherapeutisch arbeitenden Ärztinnen und Ärzten, Psychologinnen und Psychologen in der praktischen Arbeit neben einer Einführung in die besondere Problematik verschiedener Erkrankungen auch konkrete Anleitungen, online abrufbare praxisnahe Tools sowie Techniken und Vorgehensweisen auch in therapeutisch herausfordernden Situationen zur Verfügung stellen.

Wir hoffen, Ihnen mit dieser Reihe hilfreiche Anregungen für die klinische Praxis geben zu können.

Anil Batra, Tübingen
Alexandra Philipsen, Bonn

Inhalt

Geleitwort zur Buchreihe 5

Online-Zusatzmaterial 9

Vorwort 11
Anil Batra und Gottfried Barth
    Literatur 12

1 Hintergrundwissen 13
    1.1 Einführung 13
    1.2 Internetsucht aus verschiedenen Perspektiven 16
    1.3 Ätiologische Modelle 25
    1.4 Internetsucht und andere Probleme 33
    1.5 Elterliche Belastung im Kontext der Internetsucht 37
    1.6 Medienbezogenes Erziehungsverhalten 42
    1.7 Kommunikation 46
    1.8 Eltern-Kind-Beziehung 53
    1.9 Fazit 57

2 Das ISES! Gruppentraining 58
    2.1 Vorbereitung 58
    2.2 Einzelne Einheiten 65
    2.3 Typische Situationen 98

3 Ergebnisse der Evaluationsstudien 105
    3.1 Ergebnisse einer Pilotstudie 105
    3.2 Ergebnisse einer Wirksamkeitsstudie 110

Literatur 114

Online-Zusatzmaterial

Als Online-Zusatzmaterial stehen Ihnen folgende Dateien als Arbeitsmaterialien zur Verfügung:

Power Point-Datei Einheit 1
Power Point-Datei Einheit 2
Power Point-Datei Einheit 3
Power Point-Datei Einheit 4
Power Point-Datei Einheit 5
Power Point-Datei Einheit 6

Eltern-Handout zum Manual (PDF-Datei)

> Wichtige Informationen sowie den Link, unter dem die Zusatzmaterialien verfügbar sind, finden Sie am Ende von Kap. 3.2.

Vorwort

Anil Batra und Gottfried Barth

Es ist beeindruckend, welchen Stellenwert das Internet und darauf zugreifende Endgeräte wie Computer, Tablets und Smartphones in unserem Alltag haben. Mehr als 80 % der erwachsenen Bevölkerung nutzen das Internet täglich und intensiv: fast vier Stunden sind es täglich, die für Kommunikation oder mediale Nutzung investiert werden (www.ard-zdf-onlinestudie.de). In der Freizeit und im Beruf ist eine Nutzung des Internets kaum noch wegzudenken. Sei es ein »nützlicher Gebrauch« oder bloßer Zeitvertreib: die Verwendung der Medien ist fester Bestandteil unseres Alltags. »Erschreckend« sagen manche und warnen vor den Folgen (Spitzer 2014), hilfreich, »genial« und »phantastisch« empfinden es die anderen. Jugendliche nutzen mehr noch als Erwachsene Social-Media-Anwendungen aber auch Spielapplikationen, die per Smartphone, Tablet, Computer oder Konsole vielseitig, unterhaltsam und attraktiv sind. Soziale Interaktionen werden dadurch gefördert, zugleich aber auch beschränkt: die Qualität der Beziehungen verändert sich, und diese Veränderung beinhaltet nicht nur Chancen, sondern auch vielfältige Risiken und Gefahren. Seit wenigen Jahrzehnten begleitet uns das Thema der »Computerspielsucht«, oder »Internetabhängigkeit«. Im Jahr 1998 stellte Kimberley Young unter dem Titel »Caught in the Net« erste Überlegungen zur Diagnostik und Therapie der »Internet Addiction« vor (Young 1998). Nachdem ICD-10 und DSM-IV noch keine Möglichkeit der Einordnung einer »Störung« im Bereich der exzessiven, gesundheitsgefährdenden oder abhängigen Nutzung von Computern, Internet oder speziellen Applikationen kannten, sehen die neuen Versionen der Klassifikationssysteme (seit 2013 im DSM-5 [APA 2013]; seit 2023 im ICD-11 [WHO 2024]) die Einordnung als »Internet Gaming Disorder« bzw. »Riskantes Spielen« (Hazardous Gaming) oder »Spielstörung« (Gaming Disorder) vor. Dabei ist die Einbeziehung ganz unterschiedlicher Online-Aktivitäten, die in gleichem Maße negative Folgen haben können (Bischof et al. 2013), in den Klassifikationssystemen noch nicht berücksichtigt.

Nach ersten Anfragen von Personen mit einer Problematik im Bereich der Computerspielnutzung gründeten die Sektion Suchtmedizin und Suchtforschung sowie die Abteilung für Psychiatrie und Psychotherapie im Kindes- und Jugendalter eine Spezialambulanz für betroffene Personen. Anfänglich war das Interesse der Presse und von Angehörigen weitaus größer als der Zustrom von Betroffenen. Deutlich wurde damals, wie sehr Angehörige, insbesondere Eltern minderjähriger und junger erwachsener Computerspieler, hilflos dem Problem der mangelnden Veränderungsbereitschaft exzessiv im Internet oder am Computer aktiver Familienangehöriger gegenüberstanden. Dies war Anlass, ein spezialisiertes Angebot für Eltern und andere Angehörige nach dem Modell von CRAFT (»Community Reinforcement Approach and Familiy Therapy«; Bischof & Freyer 2006) zu entwickeln (El Kasmi et al. 2011), das den betroffenen Angehörigen einerseits Techniken an die Hand geben sollte, Veränderungsmotivation aufzubauen, zum anderen behilflich sein sollte, die Auswirkungen auf die eigene Lebensqualität zu erkennen und letztere zu verbessern.

Das vorliegende Manual ist das Ergebnis der Weiterentwicklung eines ersten Programms, das wissenschaftlich fundiert und evaluiert suchttherapeutische Strategien aufgreift und Therapeutinnen und Therapeuten ein klinisch erprobtes Konzept zur Verfügung stellt.

Mittlerweile ist die erste deutschsprachige Leitlinie zu »Diagnostik und Therapie von Internetnutzungsstörungen« durch die beteiligten Fachgesellschaften verabschiedet worden (https://register.awmf.org/de/leitlinien/detail/076-011). Passend zu den Inhalten dieses Manuals wird hierin die Einbeziehung der Angehörigen empfohlen: »In die Behandlung der Computerspielstörung bei Kindern und Jugendlichen sollten Eltern und Angehörige integriert werden.« Die Empfehlung bezieht sich dabei im Wesentlichen auf einige Studien mit positiven Resultaten bei Einsatz der multidimensionalen Familientherapie.

Mit »Internetsucht: Eltern stärken!«, dem manualisierten, individualisierbaren Gruppentraining für Eltern und andere Angehörige, wünschen wir allen Anwenderinnen und Anwendern eine erfolgreiche Unterstützung ihrer Patientinnen und Patienten und deren Angehörigen.

Literatur

APA – American Psychiatric Association Diagnostic and Statistical Manual of Mental Disorders. 5 th ed. (2013): American Psychiatric Publishing. Arlington
ARD und ZDF Onlinestudie: www.ard-zdf-onlinestudie.de (abgerufen am 13.08.2024)
Bischof, G. & Freyer, J. (2006): Angehörigenarbeit bei Personenmit substanzbezogenen Störungen: Der Community Reinforcement and Family Training (CRAFT)-Ansatz. Suchttherapie, 7, 52–57.
Bischof, G., Bischof, A., Meyer, C., John, U., & Rumpf, H. J. (2013): Prävalenz der Internetabhängigkeit–Diagnostik und Risikoprofile (PINTA-DIARI). Bericht an das Bundesministerium für Gesundheit. https://www.bundesgesundheitsministerium.de/fileadmin/Dateien/5_Publikationen/Drogen_und_Sucht/Berichte/Abschlussbericht/PINTA-DIARI-2013-Kompaktbericht.pdf (abgerufen am 06.02.2025)
Deutsche Gesellschaft für Suchtforschung und Suchttherapie e.V. (Hrsg.) (2024): S1-Leitlinie Diagnostik und Therapie von Internetnutzungsstörungen. https://register.awmf.org/de/leitlinien/detail/076-011 (abgerufen am 06.02.2025)
El Kasmi, J., Peukert, P., Schlipf, S., Barth, G., Batra, A. (2011): Training Angehöriger von Computerspiel- und Internetabhängigen. SUCHT 57:39–44.
Spitzer, M. (2014): Digitale Demenz. Droemer, München.
WHO – Weltgesundheitsorganisation World Health Organization (2024): ICD-11: International classification of diseases (11th revision); 2024. https://icd.who.int/browse/2024-01/mms/en#1602669465; zuletzt abgerufen am 12.08.2024.
Young K. S. (1998): Caught in the Net: How to Recognize Internet Addiction and a Winning Strategy for Recovery. Wiley. New York.

1 Hintergrundwissen

1.1 Einführung

»Und irgendwann gab es einfach nur noch Streit. Wenn er zuhause war, saß er in seinem Zimmer und hat gezockt. Normal geredet haben wir eigentlich gar nicht mehr miteinander. Wir Eltern haben immer mehr Druck aufgebaut. Als wir uns nicht anders zu helfen wussten, haben wir das Internet abgeschaltet. Dann ist es total eskaliert. Wir wollten, dass er wegen seiner Sucht in Behandlung geht. Er meinte aber nur, dass wir spinnen würden. Dieser Computer hätte fast unsere Familie zerstört. Wir wollten raus aus dieser Schreierei, aus dieser Aggression.«

»Unsere Tochter war permanent online, tagsüber und auch nachts. Ein paar Stunden ohne soziale Netzwerke waren undenkbar. Gefallen hat uns das nie. Wirklich gestört hat es uns aber erst, als sie sich nicht mehr mit ihren Freundinnen getroffen hat und nicht mal mehr mit dem Hund raus wollte. Sie hat sich immer mehr zurückgezogen, war gereizt und jedes Gespräch über ihre Handynutzung wurde abgeblockt. Wir haben uns große Sorgen gemacht.«

So ähnlich klangen die Schilderungen zweier Elternpaare, die am ISES! Gruppentraining teilgenommen haben. ISES! (»Internetsucht: Eltern stärken!«) ist ein Training für Eltern von Jugendlichen, die Symptome einer Computerspielsucht oder einer Sucht von sozialen Netzwerken zeigen (siehe grauer Kasten: Begrifflichkeiten).

Viele Eltern kommen in Beratungsstellen oder Ambulanzen und suchen Hilfe, da sie das Gefühl haben, ihr Kind an das Internet zu verlieren. Sie beschreiben einen Rückzug des Kindes aus anderen Freizeitaktivitäten oder Freundeskreisen, eine Fokussierung auf Computerspiele oder soziale Netzwerke, sich zuspitzende Konflikte zwischen Eltern und Kind, immer schlechter werdende Schulleistungen bei gleichzeitig steigendem Leidensdruck. Allerdings steigt der Leidensdruck oftmals zunächst nur bei den Eltern. Die Jugendlichen nehmen lange Zeit keine Probleme wahr und oft erst dann, wenn negative Konsequenzen nicht mehr zu leugnen sind.

Eine Forschungsgruppe fasste 19 Studien zusammen und beschreibt das Profil eines europäischen Jugendlichen mit Problemen bei der Computerspielnutzung wie folgt (Lopez-Fernandez und Kuss 2020):

1. Es scheint, dass es sich um Oberschüler/Gymnasiasten handelt,
2. gewöhnlich männlich,
3. die normalerweise MMORPGs[1] (Mehrspieler-Online-Rollenspiele; engl. Abkürzung für »Massively Multiplayer Online Role-Playing Game«) spielen.

---

1 Nach dem Eindruck des Autorenteams sind die Onlinerollenspiele (World of Warcraft)

4. Sie verbringen viel Zeit allein zu Hause und spielen täglich viele Stunden,
5. die Behandlung wird in der Regel von den Eltern gesucht,
6. die Betroffenen weisen eine ausgeprägte Symptomatik auf,
7. mit spezifischen Komorbiditäten,
8. zusammen mit Problemen in sozialen Beziehungen.
9. Kognitiv-behaviorale Behandlungsprogramme zeigen positive Ergebnisse,
10. die Prognose verbessert sich, wenn die Familie die Behandlung unterstützt.

Eine Abhängigkeit von sozialen Netzwerken lässt sich oft unter folgenden Bedingungen beobachten (Zhang und Rau 2021):

- Oft sind es junge Mädchen,
- die eher introvertiert sind,
- mit wenig sozialer Unterstützung,
- ohne Partnerschaft,
- mit erhöhter emotionaler Labilität
- und geringerer Bildung.

Für diese und ähnliche Familiensituationen wurde das ISES! Gruppentraining entwickelt. Ein Training, das ohne die Beteiligung der (vermeintlich) betroffenen Jugendlichen oder jungen Erwachsenen auskommt – auch wenn diese Beteiligung sinnvoll ist und parallel zur Elterngruppe stattfinden kann. Das vorliegende Manual richtet sich an Trainerinnen und Trainer, die vorhaben, das ISES! Gruppentraining für Eltern anzubieten.

Im Training werden folgende Schwerpunkte erarbeitet:

- Das Verständnis für die Lebenswelt der Jugendlichen.
- Die Erweiterung des Wissens über Abhängigkeiten.
- Die elterliche Beziehung zu den Jugendlichen.
- Die Art und Weise, wie innerhalb der Familie kommuniziert wird.
- Der Einsatz der erzieherischen Mittel wie Konsequenzen und Vorbildverhalten.
- Die Selbstfürsorge der Eltern, um handlungsfähig zu bleiben.

Die Eltern werden dabei aufgefordert, etwas an ihrem eigenen Denken und Verhalten zu verändern, um so indirekt Einfluss auf ihr Kind und die familiäre Situation nehmen zu können. Das Verhalten der Eltern wird wie ein Zahnrad-System betrachtet, das an verschiedenen Stellen in Gang gebracht werden kann, um sich zu bewegen (▶ Abb. 1.1). Dabei können die Eltern nur an ihrem eigenen Verhalten ansetzen.

In ▶ Kap. 1 sind Hintergrundinformationen zusammengetragen, die für die Umsetzung des Trainings hilfreich sind. Diese orientieren sich sowohl an aktueller

---

mittlerweile etwas in den Hintergrund getreten, stattdessen fallen MOBAs (Multiplayer Online Battle Arena) und in jüngerer Zeit Koop-Survival-Shooter als häufiger problematisch genutzte Spielgenres auf.

1.1 Einführung

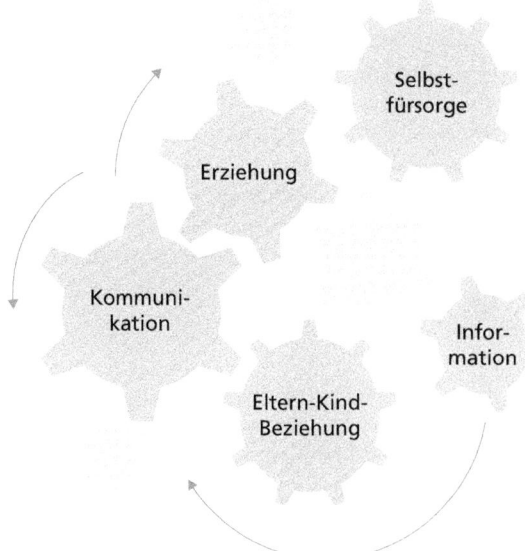

Abb. 1.1: Zahnrad-System aus Einheit 1 des ISES! Gruppentrainings
→ Jeder Termin: Inhalt & Austausch
→ Inhalt: 5 Schwerpunkte
→ Übungen für zuhause
→ Handout zu jedem Termin

wissenschaftlicher Literatur als auch an der praktischen Erfahrung der Autorinnen und Autoren.

In ▶ Kap. 2 werden nach einer Einführung zur Organisation des Trainings die Trainingseinheiten im Detail beschrieben.

▶ Kap. 3 fasst die Ergebnisse von zwei Studien zusammen, mit denen das ISES! Gruppentraining evaluiert wurde.

Begrifflichkeiten

Zurzeit herrscht in der Forschung und Behandlung von Internetsüchten eine noch kaum überschaubare Vielfalt von Begriffen, was für einen Gegenstand von Wissenschaft problematisch ist (Petersen et al. 2017). Wenn zehn oder mehr Begriffe für die gleiche seelische Störung im Gebrauch sind, herrscht Begriffsverwirrung.

In diesem Manual werden die Begriffe »Internetsucht«, »Computerspielsucht« und »Sucht von sozialen Netzwerken« verwendet. Damit orientiert sich das Manual an der im Oktober 2023 gültigen ICD-11-Übersetzung des deutschen Bundesinstituts für Arzneimittel und Medizinprodukte (BfArM). Die ICD-11 ist das für die ärztliche Diagnostik in Deutschland maßgebliche Klassifikationssystem für Erkrankungen der Weltgesundheitsorganisation (WHO).

> Inzwischen ist die »S1-Leitlinie Diagnostik und Therapie von Internetnutzungsstörungen« (AWMF- Registernummer 076–011) erschienen. Ein bundesweit repräsentatives Gremium von Expertinnen und Experten hat sich darin auf Begriffe geeinigt. Unter dem Oberbegriff »Internetnutzungsstörungen« (im Manual: »Internetsucht«) werden die spezifischen Störungen wie die »Computerspielstörung«, die »Soziale-Netzwerke-Nutzungsstörung«, die »Shoppingstörung« und die »Pornografienutzungsstörung« zusammengefasst (siehe Rumpf et al. 2021). Onlineglücksspielsucht wird nicht als Internetnutzungsstörung, sondern als Spezialfall der Glücksspielsucht verstanden. Aufgrund der noch bestehenden Diskrepanz zu den ICD-11-Begriffen haben wir für das Manual die Leitlinienbegriffe nicht übernommen.

1.2 Internetsucht aus verschiedenen Perspektiven

Es würden sich völlig unterschiedliche Schilderungen ergeben, wenn man die Jugendlichen selbst, die Eltern oder eine Fachkraft aus der Suchtberatung oder -behandlung zu den in ▶ Kap. 1.1 aufgeführten Fallbeispielen befragen würde.

- Die Jugendlichen würden vermutlich beschreiben, dass sie nicht mehr am Computer spielen oder soziale Netzwerke nutzen als die anderen in ihrer Klasse, dass ihnen dies großen Spaß mache, dass sie möglicherweise diese Leidenschaft zum Beruf machen wollen und dass die Eltern einfach aus einer anderen Welt stammen.
- Die Eltern würden wahrscheinlich berichten, dass ihr Kind viele Stunden täglich im Internet sei, dass das Computerspiel oder das Smartphone ihr Kind süchtig gemacht habe und dass sie sich schuldig fühlen würden, nicht früher harte Grenzen gesetzt zu haben.
- Die Fachkraft würden sich beispielsweise fragen, ob tatsächlich eine Sucht vorliegt, ob Behandlungsbedarf besteht und welche Form der Behandlung sinnvoll erscheint.

Diese drei Perspektiven inspirieren die folgenden Abschnitte.

1.2.1 Aus Perspektive der Jugendlichen: Leiden(schaft) und Nutzungsmuster

»Ich spiele/ surfe nicht mehr als die anderen in meiner Klasse.«

Jugendliche in Deutschland beschäftigen sich gerne und viel mit sozialen Netzwerken und digitalen Spielen. Einer repräsentativen Umfrage zufolge waren im Jahr

2024 96 % der 12- bis 19-Jährigen regelmäßig online mit einer durchschnittlichen täglichen Nutzungsdauer von 201 Minuten. Jungen und Mädchen unterschieden sich dabei nicht in ihrer durchschnittlichen Nutzungsdauer, allerdings hinsichtlich der bevorzugten Inhalte. Während Mädchen Angebote wie WhatsApp, Instagram, TikTok, Snapchat und Spotify bevorzugten, nutzen Jungen eher YouTube oder digitale Spiele. Dabei spielten Jungen knapp zwei Stunden pro Tag, Mädchen ca. eine Stunde pro Tag (Feierabend et al. 2024). Nur 6 % der Jugendlichen (alle weiblich) gaben an, nie digitale Spiele zu spielen.

Da diese Zahlen schnell veralten, verweisen wir an dieser Stelle auf die öffentlich zugänglichen Ergebnisse repräsentativer Befragungen, die jährlich vom Medienpädagogischen Forschungsverbund Südwest durchgeführt werden (JIM-Studie; www.mpfs.de).

Forschungsarbeiten zeigen, dass die meisten jungen Menschen beim digitalen Spielen Freude, Erfolgsgefühle, Freundschaft und Gemeinschaftsgefühle erleben, ohne dass die Nutzung mit negativen Konsequenzen verbunden ist (Sublette und Mullan 2012). Mäßiges Computerspielen (< 1 Stunde pro Tag) hängt bei 10–15-Jährigen sogar mit einer besseren psychosozialen Anpassung, einer höheren Lebenszufriedenheit und weniger externalisierenden und internalisierenden Problemen zusammen (Przybylski 2014).

Soziale Netzwerke können die Gesundheitskompetenz und das Informiertsein über aktuelle Ereignisse fördern, sie können Lernen und Wissensaustausch unterstützen, die Möglichkeit bieten, Gefühle und Erlebnisse mit anderen zu teilen, und erlauben Kreativität und Inspiration (Akram und Kumar 2017). Sie können außerdem die subjektiv empfundene soziale Verbundenheit und soziale Unterstützung fördern und die Stimmung verbessern, wenn bestimmte Bedingungen vorhanden sind (Abi-Jaoude et al. 2020). Diese Bedingungen sind beispielsweise eine mäßige Nutzung von 1–2 Stunden pro Tag, die Pflege von analogen Sozialkontakten außerhalb sozialer Netzwerke, der digitale Kontakt zu bereits analog bekannten Personen, die aktive statt passive Nutzung, eine geringe Tendenz zum sozialen Vergleich und ein geringes Risiko zur Entwicklung einer psychischen Erkrankung.

Die Nutzungszeit allein ist kein ausreichender Indikator dafür, ob eine Sucht vorliegt oder nicht. Allerdings gehen hohe Nutzungszeiten mit einer erhöhten Wahrscheinlichkeit einher, dass eine Sucht vorliegt.

»Es macht mir einfach großen Spaß.«

Betrachtet man das Internetnutzungsverhalten von Jugendlichen in Deutschland, so ist davon auszugehen, dass die meisten Nutzenden eine gewisse Leidenschaft für Internetanwendungen, im Speziellen für soziale Netzwerke und Computerspiele hegen. Das gilt auch schon für Kinder. Es ist von außen nicht immer leicht zu verstehen, warum bestimmte Aktivitäten so leidenschaftlich ausgeübt werden. Das liegt auch daran, dass Menschen so unterschiedlich sind – selbst, wenn sie aus einer Familie stammen. Ob Menschen nun Fußball spielen, ein Musikinstrument oder eben ein Computerspiel spielen oder ein soziales Netzwerk nutzen, sollte eigentlich keinen Unterschied machen. Menschen, die etwas leidenschaftlich gern tun, erleben dabei zuweilen Glück und Hochgefühle, fühlen sich in der Regel dabei insgesamt wohl.

Der kanadische Motivationsforscher Prof. Dr. Robert J. Vallerand hat herausgefunden, dass nicht jede Leidenschaft für das Leben von Menschen positive Auswirkungen hat (Vallerand et al. 2003). Daher hat er zwei Formen von Leidenschaft unterschieden: die harmonische und die obsessive Leidenschaft. Jemand, für den z. B. das Computerspiel oder das soziale Netzwerk eine harmonische Leidenschaft ist, möchte gern möglichst viel Zeit damit verbringen. Jedoch ist davon sein Selbstwert nicht abhängig, er bleibt flexibel und offen auch für andere Erfahrungen. Andere Aktivitäten im Leben werden durch eine harmonische Leidenschaft nicht beeinträchtigt. Eine harmonische Leidenschaft ermöglicht die freie Entscheidung, der Aktivität auch mal nicht nachzugehen. Wenn die leidenschaftliche Aktivität das Leben zu beeinträchtigen beginnt, kann die Aktivität sogar ganz oder zeitweise aufgegeben werden.

Dies ist anders bei einer obsessiven Leidenschaft. Menschen mit einer obsessiven Leidenschaft können einen unkontrollierbaren Drang verspüren an der Aktivität, die sie für wichtig halten, teilzunehmen, ohne sich dagegen wehren zu können. Sie riskieren Konflikte und andere negative Konsequenzen. Ihre Flexibilität und Offenheit für andere Erfahrungen sind beeinträchtigt. Die obsessive Leidenschaft ist statt mit Autonomie und Freiheit eher mit Kontrolle und Zwang verbunden. Die Wahrscheinlichkeit für eine Suchtentwicklung ist beim Vorliegen einer vorwiegend obsessiven Leidenschaft erheblich höher (Johnson et al. 2022).

Der Beobachter von außen sieht zwei Jugendliche an Bildschirmen, die sich auffallend lange und intensiv mit etwas beschäftigen. Er oder sie mag beunruhigt sein, dass so viel Zeit aufgewendet wird. Viel wichtiger für die Bewertung dieser Leidenschaft ist allerdings, ob sie sich noch in Harmonie mit den anderen Aktivitäten des Lebens befindet. Sind die Jugendlichen noch flexibel genug, sich auf andere Aktivitäten einzulassen? Sind sie noch frei genug für Erfahrungen mit anderen Aktivitäten? Falls nicht, liegt vermutlich eine Sucht vor.

Warum nicht das Hobby zum Beruf machen?

Viele Computerspieler und -spielerinnen träumen von einem Leben als professionelle Gamer. Dabei sehen sie sich in einem E-Sportteam, in der Produktion von Let's-Play-Videos für einen YouTube-Kanal oder als Personen, die ihr Computerspiel auf Onlineplattformen streamen. Diese Berufswünsche können analog zu anderen Profi-Sportarten betrachtet werden, wie beispielsweise dem Fußball, in dem man als Spieler oder Spielerin, als Reporter oder Reporterin oder Moderator oder Moderatorin tätig werden kann.

Analog dazu wünschen sich viele Nutzende von sozialen Netzwerken, als Influencerin oder Influencer leicht reich und berühmt zu werden. Auch hier gibt es reale Möglichkeiten, Geld zu verdienen, hauptsächlich über die Vermarktung von Produkten im Rahmen der Beiträge.

Eltern sind zu motivieren, mit ihren Kindern eine akzeptierende aber schonungslos ehrliche Analyse der beruflichen Möglichkeiten und Risiken durchzuführen. Die Berufswünsche sind zwar real und nicht fiktiv, allerdings schafft es nur eine kleine Gruppe von Personen (die Spitze des Eisberges), dies in die Realität umzusetzen. Es ist hier wichtig, sich von dem strahlenden Ziel zu lösen und auf die Härte und die Anforderungen des Weges dorthin sowie auf die unsichere Perspektive zu konzentrieren.

Die Erfahrungen mit den bisherigen ISES! Gruppentrainings zeigt, dass Jugendliche mit Hinweis auf derartige Berufswünsche ihr Spiel oder ihre Internetnutzung rechtfertigen und schulische Anforderungen abwehren. Diese Problematik kann hier nicht erschöpfend abgehandelt werden. Hier sind Bücher hilfreich wie z. B. »Vom Hobbyzocker zum Pro-Gamer« von Jahic (2018) oder »Influencer: Die Ideologie der Werbekörper« von Nymoen und Schmitt (2021).

Eltern aus einer anderen Welt?

Wenn Jugendliche meinen, dass ihre Eltern aus einer anderen Welt stammen, dann haben die meisten durchaus recht. Das durchschnittliche Alter von Eltern bei Geburt der Kinder steigt an: Bei Erstgeborenen waren die Väter 2019 im Durchschnitt 33 Jahre und die Mütter 30 Jahre alt – rund vier Jahre älter als noch 1991 (Statistisches Bundesamt). Rechnet man diesen Trend hoch, so wären die Eltern eines heute 14-jährigen Jugendlichen in den Jahren 1977 und 1980 geboren. Zu der Zeit, in der die Eltern im jetzigen Alter ihrer Kinder waren, also in den frühen 1990er Jahren, war das Internet, wenn überhaupt vorhanden, noch sehr langsam und für Jugendliche kaum attraktiv. In den 1980er und 1990er Jahren gab es durchaus bereits Jump-and-Run-Spiele und Rollenspiele am PC, bis zur Verfügbarkeit visuell attraktiver Mehrspieler-Onlinespiele, sozialer Netzwerke oder gar bezahlbarer Smartphones mit ihrer heutzutage üblichen Funktionsvielfalt waren die Eltern bereits erwachsen.

Diese Eltern haben nie als Jugendliche erleben können, wie es sich anfühlt, wenn sie von ihren Eltern mit sanftem oder unsanftem Druck dazu gebracht werden, ein Onlinespiel mit Freunden vorzeitig zu beenden. Selbst wenn der oder die Jugendliche allein gespielt hat, kann es sein, dass der Spielfortschritt von Stunden wegen eines gemeinsamen Essens verlorengeht – das hätte durchaus noch ein paar Minuten warten können. Schwer ohne eigenes Erleben verständlich ist ebenso, was es für Jugendliche bedeutet, wenn ihnen das Smartphone entzogen wird, sodass sie zeitweise am Sozialleben ihrer Peergruppe nicht teilnehmen können.

Im ISES! Gruppentraining lernen die Eltern, einen wertschätzenden Blick auf das zu entwickeln, was ihre Kinder leidenschaftlich gerne tun. Auch wenn dieses Springen über den eigenen Schatten für viele Eltern eine große Herausforderung darstellt.

1.2.2 Aus Elternperspektive

Probleme von sozialen Netzwerken und Computerspielen

Ein wertschätzender Blick auf das, was Jugendliche gerne im Internet tun, fällt vielen Eltern nicht nur schwer, weil ihnen die eigene jugendliche Erfahrung fehlt, sondern auch, weil sie viele Probleme und Risiken im Blick haben, vor denen sie ihre Kinder gerne schützen möchten. Zu den Problemen intensiver Internetnutzung gehören beispielsweise Schlafprobleme, verminderte körperliche Fitness, ungesunde Essgewohnheiten, Übergewicht, Schmerzen und Migräne, reduzierte Schulleistungen sowie verminderte kognitive Kontrolle (Wacks und Weinstein 2021; Sampasa-Kanyinga et al. 2022; Aghasi et al. 2019; ▶ Kap. 1.4).

Im ISES! Gruppentraining konzentrieren sich die Eltern auf Probleme durch eine Computerspielsucht oder Sucht von sozialen Netzwerken. Dennoch haben sie die Aufgabe, sich darüber hinaus mit den anderen Problemen zu beschäftigen, die mit einer frei verfügbaren Internetnutzung einhergehen können. Diese Probleme können in diesem Manual nicht ausführlich behandelt, aber zumindest angesprochen werden (siehe nachfolgenden Kasten). Weitere Informationen finden die Lesenden dieses Manuals und die Eltern beispielsweise auf diesen Seiten:

- www.kindermedienland-bw.de
- www.klicksafe.de
- www.ins-netz-gehen.de
- www.mediennutzungsvertrag.de

Probleme im Zusammenhang mit sozialen Netzwerken:

- Datenschutz (ungewollte Verbreitung von persönlichen Bildern)
- Beeinflussung durch subtile Werbung (z. B. »Influencer Marketing«)
- Kontakt mit unerwünschten Inhalten (Pornografie, Gewalt)
- Verfügbarkeit von schädlichen Inhalten (Anleitungen zu Selbstverletzung oder Suizid)
- Unerwünschte Kontaktaufnahmen/Cybergrooming (Anbahnung von physischen Treffen für sexuellen Missbrauch)
- Cyber-Mobbing
- Stress durch andauerndes online sein
- Beeinträchtigung des Körperbildes durch Vermittlung von Schönheits- und Schlankheitsidealen
- Falsch-Nachrichten, die zu Täuschungszwecken konstruiert wurden
- Informationsblase durch Algorithmen
- Verführung zu langen Nutzungszeiten

Probleme im Zusammenhang mit digitalen Spielen:

- Sozialer Druck von Mitschülern und Mitschülerinnen oder Mitspielenden
- Glücksspielähnliche Mechanismen (▶ Kap. 1.3.5)
- Förderung von Aggression (▶ Kap. 1.4.2)
- Desensibilisierung des dopaminergen Systems
- Zweifelhafte moralische Werte
- Verführung zu langen Nutzungszeiten

Die verführerische Sucht-Hypothese

Den meisten Menschen fällt es schwer, Sucht präzise zu definieren. Sie haben jedoch aufgrund von Beobachtungen eine deutliche Ahnung, wann eine Sucht vorliegen könnte. Zu den Beobachtungen, die leicht in Richtung Sucht interpretiert werden können, gehört die Feststellung einer qualitativen und quantitativen Intensität eines Verhaltens, die nicht nachvollzogen werden kann. Jugendliche können oder wollen berechtigten Anliegen der Eltern nicht folgen und halten getroffene Vereinbarungen nicht ein, obwohl sie wissen, dass sie ihre Eltern damit verärgern.

Die Sucht-Hypothese ist hier verführerisch, denn sie ermöglicht Eltern, ihren Ärger nicht auf ihr jugendliches Kind richten zu müssen, sondern auf das Suchtmittel richten zu können. Ein suchtkrankes Kind kann aufgrund seiner Störung sein Verhalten nicht begrenzen und braucht Hilfe. Die Eltern übernehmen die Grenzsetzung und interpretieren ärgerliche Reaktionen als Ausdruck der Krankheit – weil sie zum Besten ihres Kindes handeln, müssen sie darauf nicht achten. Gesunde Jugendliche haben dagegen noch selbstverständlicher Anspruch auf einen respektvollen Umgang und auf einen angemessenen Grad an Selbstbestimmung. Mehr Respekt und das Zugeständnis von mehr Selbstbestimmung würden einen neueren und möglicherweise nicht so gut erprobten Umgang mit dem Kind erfordern. Es müsste diskutiert und überzeugt werden, und als Grundlage dafür müssten die Jugendlichen in ihrem Verhalten verstanden werden.

Eltern begleiten und unterstützen Jugendliche auf dem Weg zu Autonomie und Selbstbestimmung. Selbstverantwortliches Verhalten zu lernen ist ein längerer Prozess. Die Kunst ist dabei, das richtige Maß an Autonomie zuzulassen, das nicht überfordert. Eine Suchterkrankung ist hierbei ein Rückschritt, weil die Diagnose nahelegt, den Jugendlichen einen Schonraum für Kranke mit wieder reduzierter Selbstverantwortung einzurichten.

Suchtkranke Menschen können oder wollen teilweise aus den negativen Konsequenzen ihres selbstschädigenden Verhaltens nicht lernen und treffen manchmal falsche Entscheidungen. Es ist daher nicht zufällig, dass gerade in der elterngestützten Phase der Entwicklung von Autonomie und Selbstbestimmung so häufig Suchterkrankungen entstehen. Liegt eine solche Suchterkrankung tatsächlich vor, sollten die Eltern Eltern bleiben und nicht zu Suchttherapeuten werden. Eine professionelle Diagnostik und Therapie ist ohne entsprechende Ausbildung nicht leistbar und wäre auch gegenüber den eigenen Angehörigen ohnehin problematisch und wahrscheinlich nicht hilfreich. Eltern sind dagegen als Eltern wichtig, haben ihre Elternrolle und ihre elterliche Kompetenz, werden als Eltern gebraucht. Auch aus diesem Grund geht es in diesem Manual ausdrücklich nicht um die Qualifizierung von Eltern als Suchttherapeuten, sondern darum, wie Eltern als Eltern besser unterstützen können.

1.2.3 Aus fachlicher Perspektive: Kriterien, Prävalenz, Behandlung

Diagnostische Kriterien

Die für eine Diagnose der Computerspielsucht besonders wichtigen Symptome wurden von der »International Classification of Diseases« in der Version 11 (ICD-11) der Weltgesundheitsorganisation nach einem intensiven und viele Jahre dauernden wissenschaftlichen und politischen Prozess identifiziert und festgelegt. Überall in Deutschland, wo Behandlungen von Kranken- oder auch Rentenkassen finanziert werden, ist eine Diagnose nach ICD in der jeweils gültigen Version erforderlich. Für die Sucht von sozialen Netzwerken existieren bislang keine von der WHO anerkannten Kriterien.

Die ICD-11 sieht bezüglich problematischen Computerspiels zwei Diagnosen vor: QE22 »gefährliches Computerspiel« und 6C51 »Computerspielsucht«.

Die Kriterien der Computerspielsucht sind:

1. Beeinträchtigte Kontrolle über das Spielen
2. Zunehmende Priorität des Spielens
3. Fortsetzung des Spielens trotz negativer Konsequenzen

Die Diagnose »gefährliches Computerspiel« kann genutzt werden, wenn zwar Beratungs- und/oder Behandlungsbedarf gesehen wird, die Kriterien der Computerspielsucht jedoch nicht oder noch nicht vollkommen bzw. nicht ausgeprägt genug erfüllt sind. Hier ist z. B. an Schülerinnen und Schüler zu denken, die noch hinreichend regelmäßig am Unterricht teilnehmen und die Leistungsanforderungen erfüllen können. Entscheidend ist, inwieweit gravierende negative Konsequenzen des Computerspiels bereits eingetreten sind. Gewöhnlich sollte die Problematik auch bereits zwölf Monate bestehen.

Abzugrenzen sind die beschriebenen Störungen von der Glücksspielsucht, die auch online stattfinden kann, und als eigene Diagnose im ICD-11 zu finden ist. Zu erwähnen ist, dass viele Computerspiele Elemente von Glücksspiel enthalten, diese in Deutschland jedoch (noch) nicht als Glücksspiel anerkannt sind.

Vorläufige Übersetzung der diagnostischen Kriterien für »Computerspielsucht« und »Gefährliches Computerspielen« im ICD-11[2]

Computerspielsucht (Code: 6C51)
Die Computerspielsucht ist gekennzeichnet durch ein anhaltendes oder wiederkehrendes Spielverhalten (»digitales Spielen« oder »Videospiele«), das online

---

[2] Quelle: https://www.bfarm.de/DE/Kodiersysteme/Klassifikationen/ICD/ICD-11/uebersetzung/_node.html (**Stand: Oktober 2022**)

(d. h. über das Internet) oder offline stattfinden kann und sich durch folgende Merkmale äußert:

1. Eingeschränkte Kontrolle über das Spielen (z. B. Beginn, Häufigkeit, Intensität, Dauer, Beendigung, Kontext);
2. Zunehmende Priorität des Spielens in dem Maße, dass das Spielen Vorrang vor anderen Lebensinteressen und täglichen Aktivitäten hat; und
3. Fortsetzung oder Eskalation des Spielens trotz negativer Konsequenzen.

Das Muster des Spielverhaltens kann kontinuierlich oder episodisch und wiederkehrend sein. Das Spielverhalten führt zu einem ausgeprägten Leidensdruck oder einer erheblichen Beeinträchtigung in persönlichen, familiären, sozialen, schulischen, beruflichen oder anderen wichtigen Funktionsbereichen. Das Spielverhalten und andere Merkmale sind normalerweise über einen Zeitraum von mindestens zwölf Monaten zu beobachten, damit eine Diagnose gestellt werden kann, obwohl die erforderliche Dauer verkürzt werden kann, wenn alle diagnostischen Anforderungen erfüllt sind und die Symptome schwerwiegend sind.

Gefährliches Computerspielen (Code: QE22)

Gefährliches Computerspielen bezieht sich auf ein Schema des Spielens, entweder online oder offline, das das Risiko schädlicher physischer oder psychischer Gesundheitsfolgen für die Person selbst oder für andere in ihrem Umfeld deutlich erhöht. Das erhöhte Risiko kann durch die Häufigkeit des Spielens, die Zeit, die für diese Aktivitäten aufgewendet wird, die Vernachlässigung anderer Aktivitäten und Prioritäten, risikoreiche Verhaltensweisen, die mit dem Spielen oder dessen Umfeld verbunden sind, die negativen Folgen des Spielens oder durch eine Kombination dieser Faktoren entstehen. Das Spielverhalten wird oft beibehalten, obwohl man sich des erhöhten Risikos für die eigene Person oder für andere bewusst ist. Diese Kategorie kann verwendet werden, wenn das Spielverhalten die Aufmerksamkeit und den Rat von Gesundheitsexperten rechtfertigt, aber nicht die diagnostischen Anforderungen für eine Spielstörung erfüllt.

Im ISES! Gruppentraining lernen die Eltern die wichtigsten Kriterien einer Sucht kennen. Im Zentrum steht aber nicht die Frage, ob eine Sucht vorliegt oder nicht, sondern ob aus Sicht der Eltern Handlungsbedarf besteht.

Häufigkeit und Spontanremission

Internationalen Studien zufolge liegt bei 7,02 % der Bevölkerung eine Internetsucht vor (Pan et al. 2020). In Deutschland gehen Schätzungen bei Jugendlichen von einer Häufigkeit von 3,5 % für die Computerspielsucht aus, von 2,6 % für eine Sucht von sozialen Netzwerken und von 0,5 % für eine Kombination der beiden (Wartberg et al. 2020). Studien zeigen, dass die Wahrscheinlichkeit für eine Internetsucht im Jugendalter stark ansteigt (Lindenberg et al. 2018).

Einige Eltern dürften befürchten, dass die Internetsuchtproblematik des Kindes über den Zeitverlauf immer gravierender wird. Andere Eltern hoffen möglicherweise, dass die oder der Jugendliche von selbst wieder aus ihren/seinen Problemen herauskommt. Tatsächlich ist diese Hoffnung nicht ganz ohne Begründung.

Studien ergaben, dass bei 25 % der Betroffenen einer Computerspielsucht eine sogenannte »Spontanremission« eintritt (Dong et al. 2019). Bei einer spontanen Remission verschwinden die Symptome nach einer Weile ohne Behandlung von selbst. Betrachtet man eine weniger stark belastete Gruppe von Jugendlichen in Deutschland, die zwar nicht Diagnosekriterien erfüllen, aber erhöhte Werte auf einem Fragebogen zu Internetsucht aufweisen, so zeigt sich sogar eine hohe Spontanremissionsrate von 72 % nach einem Jahr (Wartberg und Lindenberg 2020). Die Autorinnen und Autoren der Studie fanden heraus, dass das Bestehenbleiben einer Symptomatik davon abhängt, wie sehr die Betroffenen fehlangepasste Emotionsregulationsstrategien einsetzen (▶ Kap. 1.3.3).

Weitere Faktoren, die mit einer Spontanremission assoziiert waren, sind eine stärkere Verbundenheit mit der Familie, eine geringere motorische Impulsivität, eine größere emotionale Stabilität bei Jugendlichen (Marrero et al. 2021), eine höhere Selbstwirksamkeitserwartung, weniger Schul- und Leistungsängste, weniger depressive Symptome, weniger soziale Ängste und weniger Tendenz zum Aufschieben von Aufgaben (Wartberg und Lindenberg 2020)

Eltern brauchen grundsätzlich Geduld und starke Nerven – Eltern von Jugendlichen mit problematischer Internetnutzung nicht minder. Diesen Eltern kann allerdings keine Strategie empfohlen werden, die allein auf Zuwarten setzt. Wenn die Eltern nach bestem Wissen von einer Suchtentwicklung ausgehen und vor allem, wenn sie selbst oder die Familie darunter leiden, sollte mit der Suche nach und der Inanspruchnahme von professioneller Hilfe begonnen werden. Auch diese Suche braucht Zeit, Geduld und Energie.

Behandlungsmöglichkeiten im Einzel- und Familiensetting

Übersichtsarbeiten zeigen, dass hauptsächlich kognitiv-verhaltenstherapeutische Einzel- oder Gruppentherapien die Methode der Wahl sind, um eine Internetsucht zu behandeln (Lopez-Fernandez und Kuss 2020). Auch in Deutschland gibt es bisher ausschließlich manualisierte Programme, die sich an die betroffenen Jugendlichen oder Erwachsenen richten (z. B. »PROTECT+«, Szász-Janocha et al. 2020; »Lebenslust statt Onlineflucht«, Moll und Thomasius 2019; »Computerspiel- und Internetsucht – Ein kognitiv-behaviorales Behandlungsmanual«, Wölfling et al. 2022). Dabei kommen viele Forschungsarbeiten zu dem Schluss, dass familienbasierte Angebote sinnvoll sind (Bonnaire et al. 2019; Schneider et al. 2017; Brandhorst et al. 2021; Throuvala et al. 2019)

In Deutschland werden Eltern häufig nur im Rahmen von Präventions- oder Frühinterventionsprogrammen eingebunden, um ersten Symptomen einer Internetsucht bei ihren Kindern entgegenzuwirken. Hier stehen verschiedene Informationsangebote wie »www.ins-netz-gehen.info« der Bundeszentrale für gesundheitliche Aufklärung zur Verfügung (siehe für eine Übersicht Paschke et al. 2021). Des

Weiteren wurde in einem Pilotprojekt das Frühinterventionsprogramm ESCapade erprobt, das Gruppen- und Einzelangebote miteinander kombiniert und das sowohl Betroffene als auch die Eltern anspricht (Thormann und Tietze 2019).

Auch international gibt es nur vereinzelte Programme, welche die Eltern intensiv einbeziehen. Eine chinesische Studie zeigte beispielsweise, dass eine Multifamilientherapie mit sechs Gruppenterminen für Eltern und Jugendliche, bei denen die Themen Kommunikation, Eltern-Kind-Beziehung und Bedürfnisse der Jugendlichen bearbeitet wurden, die Suchtsymptome der Jugendlichen deutlich reduzieren konnte (Liu et al. 2015). In einer koreanischen Studie wurde den teilnehmenden Familien mindestens vier Mal pro Woche mindestens eine Stunde am Tag gemeinsame Zeit verordnet. Dieses Training führte dazu, dass sich die Bildschirmzeit der Jugendlichen deutlich reduzierte (Han et al. 2012). Ob und wie Erkenntnisse aus anderen Kulturkreisen zu übertragen sind, ist unklar.

In Deutschland hat sich die Behandlungslandschaft erfreulicherweise deutlich erweitert. Einer im Jahr 2017 veröffentlichten Studie zufolge haben sich die ambulanten Beratungs- und Behandlungsangebote zu Internetsüchten seit 2008 schätzungsweise vervierfacht (Petersen et al. 2017). Wenn man davon ausgeht, dass sich dieser Trend fortsetzte, so dürften inzwischen viele ambulante Angebote zur Verfügung stehen. Aktuelle Zahlen gibt es jedoch nicht.

Dass der Einbezug der Person, die von einer Computerspielsucht oder einer Sucht von sozialen Netzwerken betroffen ist, Sinn macht, steht außer Frage. Was aber, wenn die Person keine Problemeinsicht zeigt oder trotz Problemeinsicht professionelle Hilfe scheut? Dann sind es die Eltern, die Unterstützung suchen und brauchen. Für sie steht nun das ISES! Gruppentraining zur Verfügung. Dass diese Behandlungsform nicht nur sinnvoll, sondern auch effektiv sein kann, zeigen die Ergebnisse von zwei Studien zum ISES! Gruppentraining, die in ▶ Kap. 3 vorgestellt werden.

1.3 Ätiologische Modelle

Wer sich mit der Entstehung und Aufrechterhaltung einer Internetsucht beschäftigt, kann verschiedene Perspektiven einnehmen. Man kann die Entwicklung einer Sucht aus einer biologischen Perspektive, einer kognitiv-verhaltenstheoretischen Perspektive oder auch einer psychoanalytischen und tiefenpsychologischen Perspektive betrachten. Im Folgenden gehen wir auf verschiedene Erklärungsmodelle ein. Zum einen auf das I-PACE Modell (Interaction of Person-Affect-Cognition-Execution), das mehrere Perspektiven auf Grundlage wissenschaftlicher Literatur integriert. Vertieft werden in separaten Abschnitten neuropsychologische Befunde und der Aspekt der Emotionsregulation. Des Weiteren wird die Selbstbestimmungstheorie beschrieben, die sich auf die Befriedigung von Grundbedürfnissen durch Computerspiele und soziale Netzwerke bezieht. Außerdem wird auf Bindungsfaktoren eingegangen, die von Computerspielen oder sozialen Netzwerken ausgehen können.

1.3.1 I-PACE-Modell

Das I-PACE-Modell (Interaction of Person-Affect-Cognition-Execution) stellt, wie der Name schon sagt, die Interaktion zwischen der Person, dem Affekt, der Kognition und dem Handeln der Person bei der Entwicklung einer Internetsucht theoretisch dar. Eine ausführliche Darstellung des Modells findet sich in der entsprechenden Originalliteratur von Brand et al. (2016).

Das Besondere an diesem Modell ist, dass es sich explizit auf Internetsüchte bezieht und sowohl ursächliche als auch aufrechterhaltende Prozesse abbildet. Es fasst Risikofaktoren zusammen, die aus der wissenschaftlichen Literatur zusammengetragen wurden. Dabei beschreibt es mögliche Wirkrichtungen und die Wechselwirkung mit den Risikofaktoren, ähnlich einem Teufelskreis.

Das I-PACE-Modells beschreibt folgende Risikofaktoren:

- Persönlichkeitsfaktoren: Relevant sind hohe Impulsivität, geringes Selbstwertgefühl, geringe Gewissenhaftigkeit, hohe Schüchternheit, hohes Maß an Neurotizismus, Tendenz zum Aufschieben und geringe Selbststeuerung.
- Soziale Denkmuster: Ein wahrgenommener Mangel an sozialer Unterstützung, Gefühle der Isolation und Einsamkeit werden mit Internetsucht in Verbindung gebracht.
- Biologische Faktoren: Gemäß dem Modell deuten Studien daraufhin, dass bis zu 48 % der individuellen Unterschiede bei den Merkmalen einer Internetsucht durch genetische Faktoren erklärt werden können. Dabei sind Gene im Fokus, die Einfluss haben auf Dopamin- und Serotonin-Transporter. Außerdem stehen frühe negative Kindheitserfahrungen wie Traumata im Fokus, die Menschen anfälliger für intensive Stressreaktionen machen.
- Psychopathologie: Depression, Angststörungen und die Aufmerksamkeitsdefizit-/Hyperaktivitätsstörung (ADHS) werden als die wichtigsten Komorbiditäten angesehen (▶ Kap. 1.4.1).
- Nutzungsmotive: Nutzungsmotive sind gemäß den Autorinnen und Autoren kaum erforscht. Soziale Motive hängen mit der Nutzung von sozialen Netzwerken zusammen, sexuelle Erregbarkeit mit der Nutzung von Online-Pornografie.

Diese Risikofaktoren treten in Wechselwirkung mit Bewältigungsstilen, kognitiven Verzerrungen, kognitiven und affektiven Reaktionen auf situative Auslöser und exekutive Funktionen. Einfacher ausgedrückt: Personen, die manche der oben genannten Risikofaktoren erfüllen, können in einen Teufelskreis geraten (▶ Abb. 1.2). In einer unangenehmen oder stressigen Situation bieten Computerspiele oder soziale Netzwerke eine intensive Ablenkung, sodass dadurch die unangenehmen Gefühle in den Hintergrund geraten können. Wenn jemand die Erfahrung häufiger macht, dass das Computerspiel oder soziale Netzwerke aus unangenehmen Situationen oder Gefühlen befreien können und sogar noch zu angenehmen Gefühlen führen, lernt die Person automatisch, dass hier offenbar ein hilfreicher Fluchtweg besteht. Sobald unangenehme Gefühle bestehen oder die Aufmerksamkeit auf die Geräte gelenkt wird, entsteht ein Drang, das Computerspiel oder das soziale Netzwerk zu nutzen. Diesem Drang zu widerstehen, erfordert viel (Impuls-)Kontrolle.

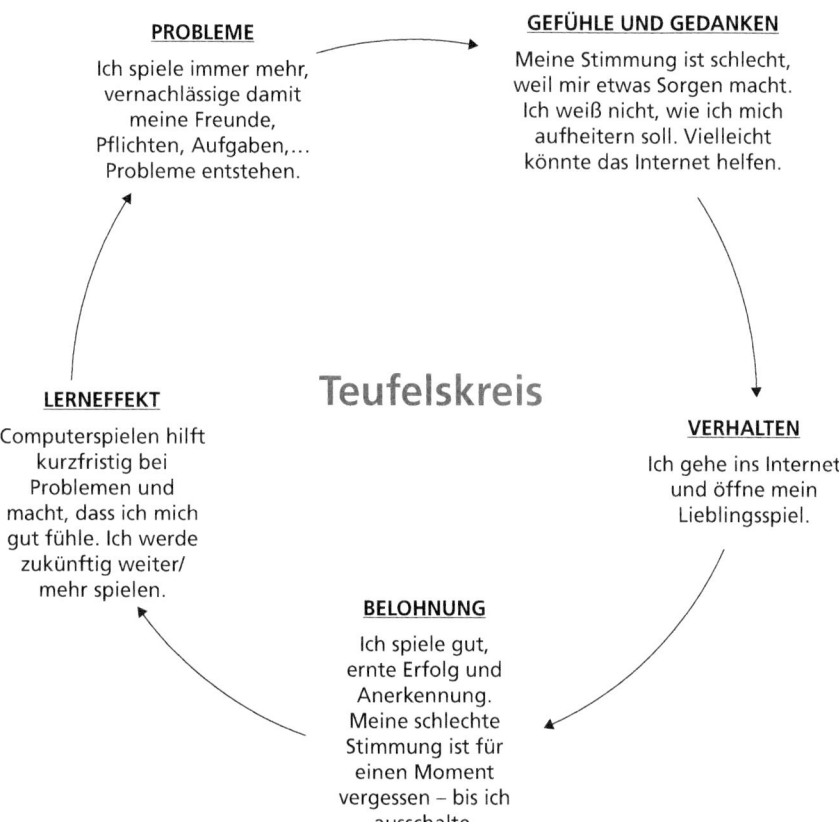

Abb. 1.2: Ein beispielhafter Teufelskreis aus dem Eltern-Handout des ISES! Gruppentrainings (Einheit 1)
Wie entsteht ein problematisches Verhalten?
Aus einer Kombination vieler Einflüsse
→ der Person und
→ der Situation bzw. Umgebung.
Das Elternverhalten allein ist nicht entscheidend!

Zentral ist
→ die Belohnung
→ in einem sich wiederholenden Teufelskreis.

Im I-PACE-Modell wird betont, dass der Lustgewinn am Computerspiel oder dem sozialen Netzwerk zu Beginn die treibende Kraft sein kann. Häufen sich allerdings

Probleme an, welche die Person nicht mehr bewältigen vermag, wird das Internet primär genutzt, um vor den Problemen zu flüchten. Die Folge ist der Verlust an Kompetenzen, ein Alternativverhalten zu entwickeln.

Im ISES! Gruppentraining werden sowohl die Risikofaktoren als auch ein Teufelskreis in vereinfachter Form vermittelt. Damit sollen Eltern ein grundlegendes Verständnis über die Entwicklung einer Internetsucht gewinnen. Einfachen Erklärungen, wie beispielsweise die »böse Spieleindustrie«, die allein an der Suchtentwicklung beim Kind verantwortlich ist (▶ Kap. 1.3.5, ▶ Kap. 2.3), soll mit dieser Informationsgrundlage entgegengewirkt werden. Eltern sollen außerdem ein Verständnis dafür entwickeln, warum das Aussteigen aus dem Teufelskreis ihren Kindern so schwerfällt.

1.3.2 Neurobiologische Prozesse der Internetsucht

Studien konnten zeigen, dass regelmäßiges Computerspielen mit Veränderungen im Gehirn einhergeht. Das ist zunächst nicht verwunderlich, da alles, was wir regelmäßig tun, in unserem Gehirn zu Veränderungen führt. Das Gehirn kann ähnlich wie ein Muskel betrachtet werden, der sich aufbaut, wenn man ihn trainiert, oder sich abbaut, wenn man dies nicht tut.

Im Kontext der Internetsucht fragen sich viele Eltern, ob die Nutzung von Computerspielen oder sozialen Netzwerken negative Auswirkungen auf die Gehirnentwicklung ihres Kindes haben kann und ob es neurobiologische Ursachen bei der Entstehung einer Sucht gibt. Die Antworten auf diese Fragen sind weit weniger trivial, als sie in manchen Medien dargestellt werden. In diesem Manual kann natürlich nur ein kleiner Einblick in Befunde aus der Wissenschaft gegeben werden. Ideen, wie Trainerinnen und Trainer reagieren können, wenn Eltern die oben genannten Fragen stellen, finden sich in ▶ Kap. 2.3.

Studien, welche die Prozesse im Gehirn durch bildgebende Verfahren sichtbar machen, konnten zeigen, dass sowohl Personen mit einer Computerspielsucht als auch Personen mit einer Sucht von sozialen Netzwerken ähnliche Veränderungen im Gehirn aufweisen wie Personen, die von substanzgebundenen Süchten betroffen sind (Weinstein et al. 2017; Weinstein & Lejoyeux 2020; Montag et al. 2018). Beim Spielen von Computerspielen oder bei der Nutzung von sozialen Netzwerken werden Gehirnregionen aktiviert, die mit Belohnung assoziiert sind. Dabei werden Botenstoffe wie Dopamin in einem ähnlichen Ausmaß ausgeschüttet, wie das bei substanzbezogenen Süchten zu beobachten ist.

Bei Computerspielenden konnten Forschungsarbeiten zeigen, dass in manchen Gehirnregionen weniger Dopamin-Rezeptoren vorhanden sind. Je mehr Jahre an Spielerfahrung die Computerspielenden hatten desto weniger Dopamin-Rezeptoren waren verfügbar. Es scheint, dass die übermäßige Beanspruchung des Dopamin-Belohnungssystems im Gehirn durch das Spielen von Computerspielen zu einer Herabregulierung führen kann (Weinstein et al. 2017). Sprich: Computerspielende könnten eine Unempfindlichkeit gegenüber Dopamin entwickeln, was zu einer reduzierten empfundenen Belohnung bei alternativen Aktivitäten führt. Dies könnte erklären, warum es manchen Betroffenen zunächst schwerfällt, sich für alternative Aktivitäten zu begeistern oder sich gar auf wenig abwechslungsreiche Tätigkeiten wie Schularbeiten zu konzentrieren.

Eine Veränderung von Dopamin-Rezeptoren im Gehirn geht bei Computerspielenden außerdem mit einer Dysfunktion des orbitofrontalen Kortex einher (Weinstein et al. 2017). Mit anderen Worten: Computerspielen könnte zu einer Dysregulation von Gehirnregionen führen, die für Selbstkontrolle und Handlungsplanung zuständig sind. Das könnte erklären, warum es Betroffenen so schwerfallen kann, ihr Verhalten und ihre Emotionen zu kontrollieren und zu strukturieren.

Eine experimentelle Studie untersuchte Personen, die zuvor keine Computerspiele gespielt haben, und forderte sie auf, über sechs Wochen täglich mindestens eine Stunde das Spiel »World of Warcraft« zu spielen. Die Ergebnisse zeigten, dass sich das Volumen der linken orbitofrontalen grauen Substanz bei den Spielenden verringert hatte (Zhou et al. 2019). Anders gesagt: Regelmäßiges Computerspielen könnte Einfluss nehmen auf Gehirnregionen, die mit Emotionskontrolle und Entscheidungsfindung assoziiert sind. Auch Studien zu sozialen Netzwerken konnten ein kleineres Volumen der grauen Substanz (des subgenualen anterioren cingulären Kortex) in Zusammenhang mit dem Nutzungsverhalten feststellen (Montag et al. 2018).

In Bezug auf soziale Netzwerke zeigen Studien außerdem, dass gerade junge Menschen sehr sensibel auf Akzeptanz oder Ablehnung in sozialen Netzwerken reagieren. Dies lässt sich auch in Bildgebungsstudien beobachten. Jugendliche zeigen in der Pubertät außerdem eine erhöhte emotionale Sensibilität, das planvolle und überlegte Denken tritt gleichzeitig in den Hintergrund, was Jugendliche besonders empfänglich für emotionale Inhalte in sozialen Netzwerken und auf den Einfluss von Peers macht (Crone und Konijn 2018).

Wer nicht die wissenschaftliche Originalliteratur, sondern eine gelungene Zusammenfassung lesen möchte, sei auf folgendes Buch verwiesen: Christian Montag (2018): Homo Digitalis. Springer Fachmedien Wiesbaden.

1.3.3 Emotionsregulation

Im vorangegangenen Abschnitt wurde bereits die Relevanz von Stresserleben betont, um in den Teufelskreis einzusteigen und ihn zu erhalten. Stress wird dann erlebt, wenn die sorgenvollen Gedanken und unangenehme Emotionen nicht ohne weiteres bewältigt werden können. Das heißt, dass Stress unter anderem dann empfunden wird, wenn die individuellen Bewältigungsmechanismen oder Emotionsregulationsstrategien nicht mehr ausreichen.

Studien stellen einen Zusammenhang her zwischen Defiziten in der Emotionsregulation bei jungen Menschen und Computerspielsucht (Lin et al. 2020). Dabei tendieren Menschen mit Computerspielsucht dazu, das kognitive Aufarbeiten von Problemen zu vermeiden und Gefühle eher zu unterdrücken (Yen et al. 2017). Gleichzeitig zeigen Studien, dass Computerspiele eine effektive Methode darstellen, um unangenehme Gefühle zu regulieren (Villani et al. 2018). Eine Langzeitstudie fand heraus, dass die Spontanremissionen einer Internetsucht unwahrscheinlicher wird, je mehr die Betroffenen fehlangepasste Emotionsregulierungsstrategien wie »Aufgeben«, »aggressives Verhalten«, »Rückzug«, »Selbstabwertung« und »Beharrungsvermögen« einsetzen (Wartberg und Lindenberg 2020).

Diese Befunde legen nahe, dass die Förderung der Emotionsregulation bei Jugendlichen ein nicht zu vernachlässigender Bestandteil einer Behandlung sein sollte. Im ISES! Gruppentraining stellt sich die Frage, wie die Eltern einen Beitrag dazu leisten können. Hier werden verschiedene Einflussmöglichkeiten genutzt, die hauptsächlich auf dem Modellverhalten und dem Kommunikationsangebot der Eltern basieren. Eltern werden beispielsweise aufgefordert, über ihre eigene Stressregulation nachzudenken und diese gegebenenfalls zu optimieren (▶ Kap. 1.5.2). Dabei werden Eltern explizit auf die Relevanz ihrer Vorbildrolle gegenüber ihrem Kind hingewiesen. Sie werden außerdem angehalten, ihre Gefühle, Bedürfnisse und Wünsche zu reflektieren und gegenüber dem Kind auszusprechen (▶ Kap. 1.7). Die Jugendlichen sollen dazu motiviert werden, mit ihren Eltern über ihre Probleme und Emotionen zu sprechen, um gemeinsam an einer Lösung arbeiten zu können.

1.3.4 Bedürfnisbefriedigung

Neben den bisher genannten Modellen gibt es andere Theorien, die sich mehr auf die Bedürfnisse der Individuen beziehen. Dabei stellt beispielsweise die Selbstbestimmungstheorie (»Self Determination Theory«; Deci und Ryan 2000, 1985) keinen Widerspruch zu den bisherigen Theorien dar, betrachtet die Entwicklung einer Internetsucht aber aus einer anderen Perspektive.

Die Selbstbestimmungstheorie besagt, dass Individuen spezifische psychologische Nährstoffe aus den Aktivitäten ziehen, denen sie nachgehen. Die Theorie sieht drei solcher psychologischen Grundbedürfnisse: Autonomie, Kompetenz und Verbundenheit. Das Bedürfnis nach Autonomie bedeutet, dass wir uns frei fühlen wollen, um unsere eigenen Entscheidungen über die Ausübung einer Tätigkeit zu treffen, und in der Lage sein wollen, uns bei dieser Tätigkeit auszudrücken. Das Bedürfnis nach Kompetenz bedeutet, dass wir den Wunsch haben, in der Welt um uns herum effektiv zu handeln (»Selbstwirksamkeit«) und unsere Fähigkeiten durch die Ausübung befriedigender Aktivitäten weiterzuentwickeln. Das Bedürfnis nach Verbundenheit schließlich bezieht sich auf den Wunsch nach unterstützenden zwischenmenschlichen Verbindungen mit anderen durch unsere gemeinsamen Aktivitäten. In einem breiten Spektrum von Situationen und Kontexten (wie auch im Leben allgemein) sind Menschen, die ihre psychologischen Grundbedürfnisse nach Autonomie, Kompetenz und Verbundenheit erfüllen, leistungsfähiger und erleben mehr Wohlbefinden (Johnson et al. 2022).

Lalande et al. (2017) konnten insbesondere in Studien belegen, dass die Tendenz zu obsessiver Leidenschaft (▶ Kap. 1.2.1) als ein Risikofaktor einer Sucht zum Teil davon abhängt, inwieweit psychologische Grundbedürfnisse im Leben allgemein unbefriedigt sind. Für eine Vielzahl von Populationen und leidenschaftlichen Aktivitäten (z. B. Musik, Basketball etc.) zeigten sie, dass obsessive Leidenschaft negativ mit der Befriedigung von Autonomie verbunden ist. Die Autoren kamen zu dem

Schluss, dass die obsessive Beschäftigung mit einer Aktivität eine kompensatorische Funktion haben kann, um diese vernachlässigten Bedürfnisse zu erfüllen.

Eine Sucht in Bezug auf das Computerspiel oder ein soziales Netzwerk kann demnach dadurch entstehen, dass die Nutzung Grundbedürfnisse teilweise erfüllen kann. Die Sucht erhält also die Funktion einer grundlegenden Bedürfnisbefriedigung. Daraus kann abgeleitet werden, dass die im Internet befriedigten Bedürfnisse anderweitig befriedigt werden sollten, wenn eine Reduktion von Internetnutzungszeiten angestrebt wird. Mit anderen Worten: Die Funktionalität der Störung sollte erkannt und anderweitig aufgelöst bzw. befriedigt werden.

Das ISES! Gruppentraining ermöglicht den Eltern, mehr Verständnis und Wertschätzung für die bevorzugte Internetanwendung des Kindes zu entwickeln. Damit einhergehend sollen die Eltern herausfinden, was dem Kind an dem digitalen Spiel oder sozialen Netzwerk gefällt und warum ein Abschalten so schwerfällt. Eltern sollen dazu inspiriert werden, eine alternative Bedürfnisbefriedigung anzubieten. Außerdem lernen Eltern, dass eine reine Reduktion von Nutzungszeiten beispielsweise durch strenge Regeln und Sanktionen nicht zielführend ist, solange damit unbefriedigte Bedürfnisse entstehen, mit denen sich Jugendlichen allein überfordert fühlen.

1.3.5 Bindende Faktoren in Spielen & Apps

Verschiedene Fachleute erarbeiteten im Jahr 2015 in Deutschland ein Positionspapier zu entwicklungsbeeinträchtigenden Bindungsfaktoren bei Computerspielen (Albertini et al. 2015). Sie stellten folgende These auf:

> »Einige Computerspiele haben besonders auf heranwachsende Menschen eine extrem hohe Bindungswirkung. Unserer Ansicht nach kann daher das Abhängigkeitspotential einer hohen und ausgeprägten Bindung solcher Computerspiele, im Sinne des Jugendschutzes, als eigenständiger und bedeutsamer Aspekt bei Entstehung von Entwicklungsbeeinträchtigungen definiert werden.«

Im Positionspapier wird beschrieben, dass digitale Bindungserfahrungen die Erfahrungen in der sozialen Umwelt ablösen und dass mit zunehmender Intensität der Nutzung ein Verlust der Zugehörigkeit zur realen Welt entstehen kann. Das Internet wird zur neuen Heimat. Bindende Faktoren in Computerspielen können diese Bindungserfahrung hervorrufen oder begünstigen.

Auch wenn bislang wenig Forschung zu solchen Bindungsfaktoren vorliegt, fasst das Positionspapier folgende Aspekte zusammen (in eigenen Worten nach Albertini et al. 2015):

- Dauer: Wenn ein Computerspiel kein klar definiertes Ende oder sehr lange Spielzeiten (mit einer Dauer von über 100 Stunden) hat, kann die Bindung der Nutzenden an das Spiel unterstützt werden. Besonders die »Open World Games«, also Spielewelten, die keinem linearen Ablauf folgend und in denen sich Spielende frei bewegen können, fördern diese Bindungswirkung.
- Frequenz: Wenn Spielsessions in hoher Frequenz aufeinanderfolgen, wirkt sich das auf die Bindung an das Spiel aus, da die Spielenden häufig eine Verpflichtung

verspüren, anwesend sein oder bleiben zu müssen. Insbesondere wird ein Gruppendruck erzeugt, wenn Spielende bestimmte Rollen annehmen und das Gefühl haben, ihrer Rolle gerecht werden zu müssen.
- Belohnung: Belohnungssysteme sind ein zentraler Faktor bei der Bindung an das Spiel. Sie verstärken ihre Wirkung etwa durch intermittierende, also unregelmäßige, Belohnung, angepriesene Steigerungen der Belohnung in der Endphase des Spiels sowie einer immer steigenden Anforderung zur Erlangung derselben Belohnung (sog. Itemdropfrequenz).
- Bezahlsystem: Die Investition von Geld in ein Spiel erhöht die Bindung, da sich das ausgegebene Geld lohnen soll. Dies ist der Fall, wenn Geld ausgegeben wird, um sich Spielvorteile zu verschaffen (z. B. neue Fähigkeiten oder Waffen), um größere Erweiterungen im Spiel zu erlangen (z. B. neue Aufgaben, Geschichten) oder um das soziale Ansehen im Spiel (z. B. durch eine besondere äußere Erscheinung) zu steigern. Besonders problematisch ist, wenn das Geld für zufallsgesteuerte Gewinne ausgegeben wird (z. B. in Form von »Lootboxen«, deren Inhalt erst nach der Bezahlung mitgeteilt wird).
- Entwicklungspotenzial: Allgemein kann man sagen, dass die Möglichkeit der individuellen oder gemeinschaftlich erlebten Entwicklung im Spielverlauf ein wesentliches Charakteristikum von Computerspielen (vor allem rollenbasierten) darstellt. Dazu gehört z. B., dass Avatare nach den Vorstellungen der Spielenden ausgestaltet werden können – die Spielenden haben die Möglichkeit, sich über ihre Avatare sozusagen als »Alter Egos« neu zu erfinden.
- Soziale Faktoren: Auch Interaktionen mit anderen Spielenden (z. B. in einer »Community«) können als soziale Faktoren spielbindend wirken. Wird etwa eine wichtige Rolle im Spiel übernommen, kann sich das über den sozialen Druck (die Rolle im Zusammenspiel mit den anderen Spielenden weiter ausfüllen zu müssen) spielbindend auswirken.

Auch bei sozialen Netzwerken wird von der Werbeindustrie und auf Seiten der Betreiber der professionellen oder semi-professionellen Content-Produzierenden viel dafür getan, dass die Inhalte möglichst viel genutzt werden. Je mehr Zeit in sozialen Netzwerken verbracht wird, desto mehr Geld wird verdient. Durch die algorithmische Steuerung der Anzeige wird Nutzenden Vergleichbares zu dem angezeigt, was sie sich bisher angeschaut haben. Dies erhöht die Wahrscheinlichkeit, dass mehr Inhalte genutzt werden. Die Content-Produzierenden nutzen eigene Techniken zur Kundenbindung, wie z. B. eine möglichst natürliche und sehr private Ansprache, wie sie sonst guten Bekannten vorbehalten ist. Dadurch wird die Illusion einer realen Beziehung erzeugt. Des Weiteren gibt es Belohnungs- und Bestrafungssysteme, beispielsweise Likes oder ein drohender Punkte-Verlust bei längerer Offline-Zeit, die Nutzende motivieren, möglichst häufig online zu sein. Außerdem fordern Push-Nachrichten immer wieder dazu auf, soziale Netzwerke zu nutzen, wenn man sie nicht deaktiviert. Die wissenschaftliche Grundlage zu Bindungsfaktoren in sozialen Netzwerken ist jedoch noch dünner als bei Computerspielen, weshalb die beschriebenen Faktoren eher einer Experteneinschätzung gleichen.

Im ISES! Gruppentraining werden Bindungsfaktoren im Kontext der Darstellung von Risikofaktoren und ätiologischen Ideen präsentiert. Häufig löst dieses Thema

Diskussionen in der Elterngruppe aus. Mehr zu dieser Diskussion ist im ▶ Kap. 2.3 dargestellt.

1.4 Internetsucht und andere Probleme

Im folgenden Kapitel werden zum einen psychische Erkrankungen bei Jugendlichen mit einer Computerspielsucht oder Sucht von sozialen Netzwerken thematisiert und zum anderen extreme Situationen wie Aggressivität und Suizidalität erörtert.

1.4.1 Komorbiditäten, Ursachen und/oder Folgen

Häufig liegen bei Menschen mit einer Computerspielsucht oder einer Sucht von sozialen Netzwerken weitere psychische Auffälligkeiten vor. In Bezug auf Computerspiele sind die häufigsten psychischen Erkrankungen depressive Störungen, Angst- und Zwangsstörungen und ADHS, aber auch andere psychische Auffälligkeiten wie zurückgezogenes Verhalten, soziale Probleme, hohes Stressniveau, geringe Lebensqualität und geringes zwischenmenschliches Vertrauen (Wartberg et al. 2020; Männikkö et al. 2020; Lindenberg et al. 2017). Im Zusammenhang mit der Sucht von sozialen Netzwerken werden neben Depressionen psychischer Stress, ein negatives Selbstbild, selbstverletzendes Verhalten, Suizidgedanken und Schlafentzug sowie negative Auswirkungen auf die kognitive Kontrolle, die schulischen Leistungen und sozioemotionale Funktionen berichtet (Abi-Jaoude et al. 2020; Wartberg et al. 2020).

Die Entscheidung, ob eine parallele Symptomatik oder Erkrankung vorliegt und es sich dabei um eine unabhängige Symptomatik, eine Ursache oder eine Folge der Internetsucht handelt, ist oft nicht leicht und bedarf einer klinischen Expertise. Die Art einer Behandlung hängt maßgeblich von dieser Einschätzung ab. Wird beispielsweise eine ADHS-Symptomatik als Ursache für eine impulsive und exzessive Nutzung von Computerspielen betrachtet, dann ist es grundlegend wichtig, die ADHS zuerst oder zumindest parallel zu behandeln (siehe dazu auch Barth und Renner 2015). Liegt eine Depression vor, die junge Mädchen dazu motiviert, nach Stimmungsaufhellung, Beschäftigung im Rahmen einer Antriebslosigkeit und Bestätigung in sozialen Netzwerken zu suchen, so ist es elementar, diese Depression ebenfalls oder primär zu behandeln. Bei entsprechendem Verdacht in den Schilderungen der Eltern sollten die Trainerinnen und Trainer auf Fachleute, in der Regel Erwachsenen- oder Kinder- und Jugendpsychiaterinnen und -psychiater oder Psychotherapeutinnen und -therapeuten verweisen.

Beschreibung für depressive Störungen, Angststörungen und Aufmerksamkeitsdefizit-/Hyperaktivitätsstörung (ADHS) im ICD-11[3]

Depressive Störungen

»Eine depressive Episode ist gekennzeichnet durch eine Phase gedrückter Stimmung oder verminderten Interesses an Aktivitäten, die fast jeden Tag während eines Zeitraums von mindestens zwei Wochen auftritt, begleitet von anderen Symptomen wie Konzentrationsschwierigkeiten, Gefühlen der Wertlosigkeit oder übermäßigen oder unangemessenen Schuldgefühlen, Hoffnungslosigkeit, wiederkehrenden Gedanken an Tod oder Selbstmord, Veränderungen des Appetits oder des Schlafs, psychomotorische Unruhe oder Verzögerung und verminderte Energie oder Müdigkeit.«

Angststörungen

»Angst- und furchtbezogene Störungen sind durch übermäßige Furcht und Angst und damit verbundene Verhaltensstörungen gekennzeichnet, wobei die Symptome so schwerwiegend sind, dass sie zu erheblichem Leid oder erheblichen Beeinträchtigungen in persönlichen, familiären, sozialen, schulischen, beruflichen oder anderen wichtigen Funktionsbereichen führen. Furcht und Angst sind eng miteinander verbundene Phänomene; Furcht ist eine Reaktion auf eine wahrgenommene unmittelbare Bedrohung in der Gegenwart, während Angst eher zukunftsorientiert ist und sich auf eine wahrgenommene erwartete Bedrohung bezieht. Ein wesentliches Unterscheidungsmerkmal zwischen den Angst- und furchtbezogene Störungen sind störungsspezifische Befürchtungsschwerpunkte, d. h. der Reiz oder die Situation, die die Angst oder Furcht auslöst.«

ADHS

»Die Aufmerksamkeitsdefizit-Hyperaktivitätsstörung ist durch ein anhaltendes Muster (mindestens 6 Monate) von Unaufmerksamkeit und/oder Hyperaktivität-Impulsivität gekennzeichnet, das sich unmittelbar negativ auf die schulischen, beruflichen oder sozialen Leistungen auswirkt. Es gibt Anzeichen für signifikante Unaufmerksamkeits- und/oder Hyperaktivitäts-Impulsivitätssymptome vor dem 12. Lebensjahr, typischerweise in der frühen bis mittleren Kindheit, obwohl einige Personen erst später klinisch auffallen können. Das Ausmaß der Unaufmerksamkeit und Hyperaktivität-Impulsivität liegt außerhalb der normalen Schwankungsbreite, die für das Alter und die intellektuelle Leistungsfähigkeit erwartet wird. Unaufmerksamkeit bezieht sich auf erhebliche Schwierigkeiten, die Aufmerksamkeit für Aufgaben aufrechtzuerhalten, die keine hohe Stimulation oder häufige Belohnung bieten, sowie auf Ablenkbarkeit und Probleme bei der Organisation. Hyperaktivität bezieht sich auf übermäßige motorische Aktivität und Schwierigkeiten mit dem Stillhalten, die vor allem in strukturierten Situationen auftreten, die eine Selbstkontrolle des Verhaltens erfordern. Impul-

---

3 Quelle: https://www.bfarm.de/DE/Kodiersysteme/Klassifikationen/ICD/ICD-11/ueberset zung/_node.html, Stand: Oktober 2023

sivität ist die Tendenz, auf unmittelbare Reize hin zu handeln, ohne zu überlegen oder die Risiken und Folgen zu bedenken. Das relative Gleichgewicht und die spezifischen Ausprägungen von unaufmerksamen und hyperaktiv-impulsiven Merkmalen sind von Person zu Person unterschiedlich und können sich im Laufe der Entwicklung verändern. Damit eine Diagnose gestellt werden kann, müssen die Manifestationen der Unaufmerksamkeit und/oder der Hyperaktivität-Impulsivität in verschiedenen Situationen oder Umgebungen (z. B. zuhause, in der Schule, am Arbeitsplatz, bei Freunden oder Verwandten) zu beobachten sein, wobei sie je nach Struktur und Anforderungen der Umgebung variieren können.«

1.4.2 Aggression und Eskalation

Studien finden einen positiven Zusammenhang zwischen Konflikten in der Familie und Symptomen einer Internetsucht bei Jugendlichen (De Leo und Wulfert 2013; Yen et al. 2007). Konflikte bergen dabei das Risiko zu eskalieren. Ob eine Situation als Eskalation wahrgenommen wird, ist dabei ganz unterschiedlich und hängt von der Streitkultur der Familie ab. Während in einer Familie ein lauter verbaler Streit als Eskalation empfunden wird, würde eine andere Familie dieselbe Situation lediglich als temperamentvolle Diskussion bewerten.

Eskalationen – wie auch immer sie definiert werden – können die Eltern-Kind-Beziehung belasten. Wenn Gewalt entsteht, egal ob von Seiten des Kindes oder von Seiten der Eltern, dann ist dies in der Regel das Ergebnis einer Eskalation, die sich Schritt für Schritt hochgeschaukelt hat. Manchmal eskalieren Situationen sehr schnell, manchmal bauen sie sich lange auf – der Konflikt hat also eine längere Vorgeschichte. Meist sind die Beteiligten schockiert, beschämt und sprachlos, wenn es zu Gewalt gekommen ist. Dabei ist gerade dann der Bedarf eines Gesprächs miteinander groß (▶ Kap. 1.7).

Im Rahmen der Wirksamkeitsstudie zum ISES! Gruppentraining (▶ Kap. 3) wurden die Eltern dazu befragt, ob es zu körperlichen Auseinandersetzungen mit ihrem Kind im Zusammenhang mit der Mediennutzung gekommen sei. 13,6 % der Eltern bestätigten diese Frage. Die praktische Erfahrung zeigt, dass solche Auseinandersetzungen oft dann vorkommen, wenn die Eltern die Internetnutzung ihrer Kinder einschränken wollen. Dabei berichten Eltern sowohl von Handgemengen um das Smartphone als auch von Schlägen und Tritte durch das Kind im Streit um den Router.

Gewalt durch die Jugendlichen gegenüber den Eltern

Eine Metaanalyse von Langzeitstudien konnte zeigen, dass das Spielen gewalthaltiger Computerspiele deutlich aggressives Verhalten fördert – in einem Ausmaß wie andere aggressives Verhalten begünstigende Faktoren (z. B. Armut, geringe Intelligenz, Substanzmissbrauch; Burkhardt und Lenhard 2022). Bemerkenswerterweise zeigt dieser Zusammenhang eine prägnante Alterskurve: Er wird immer stärker bis zum Alter von 14–16 Jahren und fällt danach wieder. Gleichzeitig hängt das Spielen von Computerspielen mit einer erhöhten Impulsivität zusammen. Diese Bedingungen könnten dazu führen, dass es vermehrt zu impulsiven Gewaltausbrüchen kommt.

Nicht selten berichten Eltern im Rahmen des ISES! Gruppentrainings, dass sie bei ihren Kindern unerwartete und untypische impulsive Gewaltausbrüche erlebt haben. Teilweise richtet sich diese Gewalt auch gegen die Eltern. Dabei kommen Beschimpfungen und Drohungen ebenso vor wie Schläge oder Tritte.

Im Training wird den Eltern geraten, solche Gewalt nicht zu dulden oder gar zu rechtfertigen – auch nicht beim ersten Mal. Ansonsten besteht das Risiko, dass Gewalt für die Jugendlichen zum wirksamen Mittel wird, eigene Anliegen durchzusetzen. Wenn Gewalt im Konflikt mit dem Kind droht, sollten Eltern zunächst deeskalierend wirken, bevor es zur Gewalt kommt. Wenn es trotzdem zu Gewalt gekommen ist, so muss diese schnellstmöglich unterbrochen werden. Danach sollte diese Situation unbedingt nachbesprochen werden, sobald sich die Gemüter beruhigt haben. Eltern sollten kommunizieren, wie es ihnen in der Situation erging und was sie sich zukünftig wünschen.

Massive Gewalt legt die Integration von weiteren Hilfen nahe, sei es einer psychiatrischen Behandlung oder auch der Einbezug der Jugendhilfe.

Gewalt durch die Eltern gegenüber den Jugendlichen

In Eskalationen kann Aggression auch von den Eltern ausgehen. Eltern können einerseits Aggression in ihrem Erziehungsverhalten zeigen (z. B. übertriebene Sanktionen) als auch verbal oder körperlich aggressiv werden. Studien finden beispielsweise einen Zusammenhang zwischen Gewalt zwischen den Eltern oder gegenüber den Jugendlichen und Symptomen einer Internetsucht bei den Jugendlichen (Park et al. 2008).

Dabei kommt den Eltern eine im Vergleich zu den Jugendlichen erhöhte Verantwortung zu, da von ihnen eine weiter entwickelte Impulskontrolle erwartet werden darf. Sie sollten sich nicht um jeden Preis durchsetzen oder ihre Macht demonstrieren wollen. Der gegenseitige Respekt sollte bedingungslos bleiben und nicht davon abhängig sein, wie sich die Beteiligten gerade verhalten.

Im ISES! Gruppentraining werden die Eltern darauf aufmerksam gemacht, dass jedes Kind ein Recht auf gewaltfreie Erziehung hat. Dieses Recht ist im Bürgerlichen Gesetzbuch verankert ((§ 1631 Abs. 2 BGB):

> »Das Kind hat ein Recht auf Pflege und Erziehung unter Ausschluss von Gewalt, körperlichen Bestrafungen, seelischen Verletzungen und anderen entwürdigenden Maßnahmen.«

Kinder mit Gewalterfahrung lernen, dass sie sich dem Stärkeren unterwerfen müssen. Gewalt gegenüber dem Kind ist also nicht nur verboten, sondern auch langfristig schädlich. Eltern, die Probleme damit haben, aggressive Gefühle zu kontrollieren, werden im ISES! Gruppentraining auf weitere Hilfemöglichkeiten hingewiesen, beispielsweise von Kinderschutzzentren oder vom Deutschen Kinderschutzbund (▶ Kap. 2.2.5).

Dass Gewalt verboten und nicht sinnvoll ist, dürfte den meisten Eltern durchaus klar sein. Der Appell allein, Gewalt zu unterlassen, ist also nicht hilfreich. Die Eltern benötigen Handlungsalternativen und konkrete Ideen im Falle einer Eskalation. Daher wird im ISES! Gruppentraining die so genannte Eskalationsspirale mit den Eltern erarbeitet. Sie geht davon aus, dass es zwei Beteiligte an einer Eskalation gibt. Eltern können dabei nur an ihrem eigenen Verhalten ansetzen und verschiedene Strategien nutzen, die sie in den unterschiedlichen Einheiten im ISES! Gruppentraining erlernen:

- Strategien, um Missverständnisse zu vermeiden, aus Einheit 3 (▶ Kap. 1.7)
- Die gewaltfreie Kommunikation aus Einheit 4 (▶ Kap. 1.7)
- Strategien gegen akuten Stress aus Einheit 5 (▶ Kap. 1.5)

1.4.3 Suizidalität im Kontext der Internetsucht

In Europa ist der Suizid in der Gruppe der 10–24-Jährigen die zweithäufigste und bei 15–19-jährigen Mädchen sogar die häufigste Todesursache (Steinbüchel et al. 2017). Die Autorinnen und Autoren der Studie weisen darauf hin, dass ein geringes Zugehörigkeitsgefühl im Hinblick auf realweltliche soziale Zusammenhänge, das sich auf erlebte Kränkungen und Verunsicherungen zurückführen ließ, bei jungen Menschen zu lebensverneinenden Gedanken und/oder einem Rückzug in digitale Alternativwelten führen könnte.

Der problematische Zusammenhang zwischen Internetsucht (Steinbüchel et al. 2017), Computerspielsucht (Erevik et al. 2022) und der Sucht nach sozialen Netzwerken (Sedgwick et al. 2019) mit Suizidgedanken und weniger ausgeprägt mit Suizidhandlungen wurde durch umfangreiche systematische Reviews belegt. Für die Nutzung sozialer Medien von Jugendlichen mit Suizidgedanken ist besonders problematisch, dass soziale Medien einen Austausch über Suizidmethoden und eine wechselseitige Bestärkung in der Suizidabsicht ermöglichen (Pourmand et al. 2019). Zugleich führt die algorithmische Steuerung der Anzeige von Nachrichten in sozialen Netzwerken dazu, dass sich Gleichgesinnte in dieser Hinsicht zusammenfinden und die Nutzenden mit selektiven Informationen konfrontiert werden, die zu ihrer Stimmung passen und diese noch verstärken können.

Das Thema Suizidalität wird in Einheit 5 im ISES! Gruppentraining behandelt. Praktische Erfahrungen in dem Kontext finden sich in ▶ Kap. 2.3.

1.5 Elterliche Belastung im Kontext der Internetsucht

Eltern von Jugendlichen und jungen Erwachsenen mit einer Internetsucht berichten oft von einer hohen Belastung durch die Situation. Häufig liegen Jahre voller Sorgen und zunehmender Konflikte mit den Jugendlichen hinter den Familien. Die Eltern schildern Streit über Internetnutzungszeiten, Schlafenszeiten, schulische Leistungen, gemeinsame Essensrituale, Wochenend- oder Urlaubsaktivitäten und vieles mehr. Teilweise wird berichtet, dass gar nicht mehr miteinander geredet, sondern nur noch gestritten werde. Die Eltern wissen nicht mehr, wie sie die entgleisende Situation in den Griff bekommen können. Sie fühlen sich zunehmend hilflos, ohnmächtig und gestresst.

Jugendliche, die Symptome einer Internetsucht zeigen, übernehmen oft wenig bis keine Verantwortung für ihr Verhalten oder können die weitreichenden Konsequenzen ihres Handelns nicht überblicken. Häufig tragen Eltern stellvertretend die Last der negativen Konsequenzen, indem sie beispielsweise Hausaufgaben für ihre Kinder erledigen, sie aus sämtlichen Haushaltsaufgaben entlassen oder ihnen das Essen an den Computer-Tisch bringen (siehe Kasten »Co-Abhängigkeit«). Wenn Eltern diese Last tragen, so hat das zwei Folgen: Zum einen werden die Eltern zunehmend be- oder überlastet. Zum anderen werden die Jugendlichen entlastet und sind damit weniger motiviert, etwas an ihrem Verhalten zu verändern. Hier gilt es, die Verantwortung mit zunehmendem Alter an das Kind zu übergeben.

Co-Abhängigkeit

Unter Co-Abhängigkeit werden verschiedene Verhaltensweisen von Angehörigen bezeichnet, die das Suchtverhalten unterstützen, negative Konsequenzen ausgleichen oder das Suchtverhalten bagatellisieren. Dieses Verhalten wird oft nicht selbstkritisch hinterfragt und mit guten Absichten praktiziert. Den Angehörigen ist nicht bewusst, dass sie durch ihr Verhalten zur Aufrechterhaltung der Sucht beitragen. Teilweise ist es für die Angehörigen leichter, das Suchtverhalten zu unterstützen als es zu ertragen, wenn die/der Betroffene leidet. Im Kontext der Internetsucht sind typische co-abhängige Verhaltensweisen die Bereitstellung von Internet und Strom, das Kaufen von Fast-Food, das Entschuldigen von schulischen Fehltagen oder die Kompensation nicht erledigter schulischer Leistungen.

In einer Befragung von Eltern von Jugendlichen, die Probleme mit der Internetnutzung haben, gaben ca. 60 % der Befragten eine häufige oder sehr häufige Belastung aufgrund der Internetnutzung ihres Kindes an. Nahezu 80 % der Eltern erlebten die Stärke ihrer Belastung als mittel bis hoch (Hanke et al. 2022). Die Ergebnisse der Pilotstudie zum ISES! Gruppentraining zeigen, dass sich die teilnehmenden Eltern sehr häufig und schwer durch die Internetnutzung ihres Kindes belastet fühlen (▶ Kap. 3; Brandhorst et al. 2022). Auch andere Forschungsarbeiten beschreiben ein erhöhtes Stresslevel bei Eltern von Jugendlichen mit Internetsucht bis hin zu Angststörungen und Depressionen (Lam und Wong 2015; Wartberg et al. 2017).

1.5.1 Auswirkungen von Stress

Stress ist sehr individuell. Der Mediziner Hans Selye (1907–1982) bezeichnete Stress als »die Würze des Lebens«. Stress kann uns herausfordern und zu Höchstleistungen antreiben – wenn wir uns den Anforderungen gewachsen fühlen. Wenn nicht, droht Be- oder Überlastung. Belastungen können durch Strategien bewältigt werden, sodass es nicht zur Überlastung kommt (▶ Abb. 1.3).

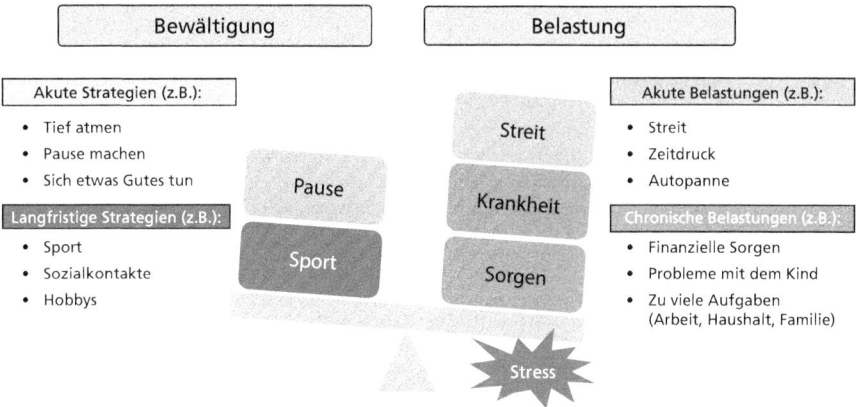

Abb. 1.3: Balance von Belastungen und Bewältigungen aus dem Eltern-Handout des ISES! Gruppentrainings (Einheit 5)

In mehreren Jahrzehnten Stressforschung konnte wissenschaftlich nachgewiesen werden, wie ungünstig sich anhaltender Stress auf Personen und ihr soziales Umfeld auswirken kann (Cina und Bodenmann 2009). Unter chronischem Stress wird nach Krähenmann und Selfritz (2019) verstanden:

> »… ein über Wochen oder Monate anhaltender Überforderungszustand des Organismus […], bei welchem die vorhandenen individuellen Ressourcen zur Stressbewältigung (»coping«) aufgrund der Häufigkeit, Art oder Intensität der Stressbelastungen nicht mehr ausreichen« (Krähemann und Seifritz 2019, S. 39).

Sowohl auf physischer, psychischer als auch sozialer Ebene können sich die Folgen von Stress abzeichnen. Auf psychischer Ebene sind Leitsymptome von chronischem Stress z. B. erregt-ängstliche Gespanntheit, Unruhe und Besorgnis. Auf vegetativer Ebene sind es Schmerzen, Ohrgeräusche, Herzbeschwerden, Ober- und Unterbauchbeschwerden, Atembeschwerden, Blasenbeschwerden, Schwindel und Schluckbeschwerden (nach Krähemann und Seifritz 2019). In einer Studie zur Gesundheit Erwachsener in Deutschland (Hapke et al. 2013) litten Personen mit einer hohen Belastung durch chronischen Stress häufiger unter depressiven Symptomen oder Schlafstörungen.

Stress steht in Zusammenhang mit einem ungünstigen Erziehungsverhalten, häufigeren Konflikten und aggressivem Verhalten durch die Eltern. In einer Studie wurde beschrieben, dass elterlicher Stress mit einer harschen, auf Zwang basierenden, wenig unterstützenden und emotional negativ geladenen Erziehung in Verbindung steht (Cina und Bodenmann 2009). Des Weiteren wurde ein Zusammenhang zwischen Stresserleben und einer geringen Partnerschaftsqualität beobachtet. Wer chronisch gestresst ist, reagiert empfindlicher, verharrt mehr auf der eigenen Perspektive, kann weniger einlenken und trägt damit zur Eskalation bei. Insbesondere enge Familienmitglieder können daher direkt vom Stress einer Person betroffen sein.

Eine mögliche Ursache für elterlichen Stress kann ein fehlendes Selbstwirksamkeitserleben von Eltern sein. Kammerl et al. (2012) fanden beispielsweise in ihrer Untersuchung, dass Mütter sich belastet fühlen, wenn sie keine Selbstwirksamkeit bei ihren medienerzieherischen Maßnahmen wahrnehmen.

Im Einklang mit den Schlussfolgerungen einer Forschungsgruppe kann folgendes Fazit gezogen werden:

> Die Eltern sollten (…) »gecoacht werden (…), ihren Umgang mit Stress zu optimieren. Zu ihrem eigenen Wohlbefinden, aber auch dem Befinden der ganzen Familie. Denn gelassen sind die Anforderungen von Erziehung positiver anzugehen.«
> (Cina und Bodenmann 2009, S. 47)

1.5.2 Stressreduktion im ISES! Gruppentraining

Da Auslöser für empfundenen Stress (z. B. das Internetnutzungsverhalten des Kindes) oft nicht direkt zu beeinflussen sind, kommt dem Umgang damit eine umso größere Bedeutung zu. Durch die Teilnahme am ISES! Gruppentraining erleben Eltern eine aktive Möglichkeit, ihre Situation zu beeinflussen. Dies reduziert bereits Gefühle von Kontrollverlust und lässt die Eltern sich als handlungsfähiger empfinden. Werden dabei Erfolge erzielt – wenn sie auch klein sind – gibt dies die Möglichkeit, Selbstwirksamkeit zu erleben. Die empfundene Belastung kann reduziert werden, selbst wenn sich an dem eigentlichen Stressauslöser erst einmal nichts verändert.

Ein weiterer unspezifischer Effekt des ISES! Gruppentrainings ist die Entlastung, die Eltern durch den Austausch in der Elterngruppe erfahren. Zu sehen, dass sie nicht allein sind mit der Problematik, besonders in Hinblick auf aggressives und eskalierendes Verhalten der Kinder, kann sehr entlastend sein. In der in ▶ Kap. 3 beschriebenen Pilotstudie zum ISES! Gruppentraining gaben alle Teilnehmenden an, dass das Kennenlernen der anderen Familien hilfreich gewesen sei. In dem Zusammenhang zeigten die Ergebnisse außerdem, dass die Eltern sich im Verlauf des Trainings zunehmend weniger durch die problematische Internetnutzung ihres Kindes belastet fühlten.

Ganz explizit wird das Thema »Stress und Entspannung« in Einheit 5 und 6 des ISES! Gruppentrainings thematisiert. Eine erste Empfehlung für die Eltern lautet, den Fokus immer wieder auf sich zu legen. Gut für sich selbst zu sorgen, wenn die gesamte Sorge sich um das betroffene Kind dreht, ist nicht leicht. Dafür muss sich der Fokus stellenweise verschieben und wieder auf sich selbst gerichtet werden. Im ISES! Gruppentraining wird mit folgendem Vergleich gearbeitet: Bei der Sicherheitsunterweisung im Flugzeug werden Passagiere stets instruiert, sich selbst zuerst eine Sauerstoffmaske aufzuziehen, bevor Mitreisende – auch Kinder – versorgt werden. Dies soll verdeutlichen, dass Eltern die eigenen Kapazitäten oder »Akkus« auffüllen müssen, um hilfreich sein zu können. In einem kurzen Selbsttest können die Eltern ihr Stresslevel testen.

Um chronischem Stress entgegenzuwirken, erfahren die Eltern in ihrem Handout neben einer umfangreichen Liste von positiven Aktivitäten (z. B. Unternehmungen, Hobbys, Sport, Kreatives) auch konkrete Tipps zur Umsetzung dieser Aktivitäten im Alltag. Beispielsweise wird auf eine realistische und verbindliche Planung und Regelmäßigkeit eingegangen, die für das Gelingen hilfreich sein können. Neben den Strategien gegen chronischen Stress werden kognitive und behaviorale Strategien gegen akuten Stress thematisiert, die in Konflikten helfen ruhig zu bleiben und Eskalationen verhindern können. Eltern werden etwa aufgefordert, innerlich »einen Schritt zur Seite zu treten«, gedanklich zu sich selbst »Stopp« zu sagen und Atemtechniken anzuwenden.

Atemübungen sind ein bewährtes und bekanntes Instrument für den Stressabbau und zur Entspannung. Sie können sich günstig auf das vegetative Nervensystem auswirken, das Atmung, Herzschlag und Stoffwechsel reguliert. Akuter Stress aktiviert den Sympathikus im vegetativen Nervensystem und führt zu einer Ausschüttung von Botenstoffen wie Adrenalin, Nordadrenalin und Kortisol, die den Körper in eine Kampf- oder Fluchtbereitschaft versetzen. Puls- und Atemfrequenz erhöhen sich, der Blutdruck steigt, es kommt unter anderem zu einer erhöhten Wachsamkeit, Aufmerksamkeit und Angst (Krähemann und Seifritz 2019). Atemübungen aktivieren den Parasympathikus, der als Gegenspieler die beschriebenen Prozesse bremst.

Eine Metaanalyse zeigte, dass sich der Einsatz von Atemübungen positiv auf die psychische Gesundheit auswirken kann. Sowohl das Stresslevel als auch die psychische Gesundheit hinsichtlich depressiver Symptome und Angstsymptome scheinen sich durch den Einsatz von Atemübungen verbessern zu lassen (Fincham et al. 2023).

Der Vorteil von Atemübungen liegt vor allem darin, dass sie leicht vermittelbar, überall verfügbar – insbesondere auch in stressigen oder hektischen Situationen – und ohne großen Aufwand oder Risiko anwendbar sind. Bereits wenige Minuten bewussten Atmens können hilfreich sein. Je häufiger Atemübungen ausgeführt werden, desto günstiger ist dies einerseits für das grundlegende Stresslevel, und desto einfacher fällt es andererseits, diese Strategie auch in akuten Stresssituationen erfolgreich anwenden zu können. Auch wenn es verschiedene Atemübungen bzw. -techniken gibt, so ist diesen in der Regel ein tiefes, gleichmäßiges Ein- und ausgedehntes Ausatmen und die Konzentration auf den Atemvorgang gemeinsam (Fritzsche und Wetzel-Richter 2016). Den Eltern wird im Rahmen des ISES! Gruppentrainings eine konkrete Anleitung für eine Atemübung mitgegeben, die sie zuhause üben können.

Für weiterführende Literatur verweisen wir auf: Günthner und Batra (2022): Stressmanagement und Burnout-Prävention. Der verhaltenstherapeutische Weg. Stuttgart: Kohlhammer.

1.6 Medienbezogenes Erziehungsverhalten

Ein weiterer möglicher Weg, auf das Internetnutzungsverhalten des Kindes einzuwirken, ist ein planvolles und zielgerichtetes Erziehungsverhalten. Dabei ist nicht (nur) das Erwägen von gut durchdachten, individuellen und konsistenten Regelungen gemeint, sondern auch der Einsatz von positiven Konsequenzen, eine offene und wertschätzende Haltung der Eltern, eine gute Informationsgrundlage und auch hier ein passendes Vorbildverhalten.

1.6.1 Elterliches Wissen und wertschätzende Haltung

Ein Blick in die Forschungsliteratur zeigt, dass ein hohes Maß an elterlichem Wissen über das Internetnutzungsverhalten des Kindes mit einer geringeren Internetnutzungsdauer (Valcke et al. 2010) und weniger Symptomen einer Computerspielsucht einher geht (Lin et al. 2009). Dabei wird der Einflussfaktor nicht das Wissen selbst sein, sondern eher das Engagement und Interesse der Eltern, sich über Inhalte zu informieren und mit dem Kind dazu in Kontakt zu treten.

Bei Jugendlichen, die sich auf dem Weg in die Autonomie befinden, gilt es zu berücksichtigen, dass durch Kontrolle erzwungenes Wissen kontraproduktiv sein könnte. In dem Zusammenhang zeigte eine Erhebung, dass mehr elterliche Kontrolle mit mehr Symptomen einer Internetsucht bei Jugendlichen einhergeht (van Petegem et al. 2019). Solche Zusammenhangsstudien lassen keine Rückschlüsse auf die Wirkrichtung zu. Es könnte sein, dass Jugendliche sich dazu getrieben fühlen, das Internet mehr nutzen, wenn ihre Eltern ein hohes Ausmaß an Kontrolle zeigen. Ebenso könnte es sein, dass Eltern mehr kontrollieren, wenn sie das Gefühl haben, dass ihr Kind einen Kontrollverlust erlebt. Eine qualitative Studie, in der Jugendliche interviewt wurden, beschrieb in dem Zusammenhang, dass sich diese von elterlicher Kontrolle bedrängt fühlten, was eine Flucht in die virtuelle Welt provoziert habe (Siste et al. 2020).

Ein weiterer Faktor ist die Einstellung und Haltung der Eltern gegenüber der präferierten Internetanwendung des Kindes. Studien zeigen einen Zusammenhang zwischen einer ablehnenden Haltung der Eltern gegenüber der bevorzugten Internetanwendung des Kindes und Symptomen einer Internetsucht beim Kind (Xu et al. 2014; Jeong und Kim 2011). Auch hier kann nicht von einem reinen Zusammenhang auf eine Kausalität geschlossen werden. Kammerl et al. (2012) beschrieben, dass manche Eltern einen direkten Einfluss durch die Medien auf die Jugendlichen wahrnehmen: Medien machen süchtig/krank/ … Sie betrachten Medien zwar einerseits als Ressource, aber auch als Bedrohung für das Lernen, die Gesundheit, die fehlende Entspannung und die Gefahr einer Sucht. Daraus resultiert, dass die Wegnahme oder Reduktion der Medien als wirksames Erziehungsinstrument betrachtet wird. Der Einfluss der Familie wird hingegen unterschätzt.

Die klinische Erfahrung legt nahe, dass sich die Einstellung der Eltern und das Nutzungsverhalten des Kindes gegenseitig beeinflussen. Eltern, welche die Internetnutzung ihrer Kinder am liebsten vollständig verbieten würden und diese Ablehnung auch äußern, können in Jugendlichen einen Nutzungsdrang verstärken. Gleichzeitig führen die Probleme, die durch das intensive Nutzungsverhalten des Kindes entstehen, zu einer Verstärkung der Ablehnung auf Elternseite. Eltern betrachten die Internetanwendung als Ursache allen Übels. Jugendliche fühlen sich unverstanden und stehen unter permanentem Rechtfertigungsdruck. Wenn Jugendliche über Probleme im Internet stolpern, weil sie beispielsweise ihr Computerspiel nicht selbständig beenden können, sie durch eine Kontaktaufnahme eines Fremden irritiert sind, sie mit Gewalt, Pornografie oder Cybermobbing konfrontiert werden, sind sie nicht bereit, sich den Eltern zu öffnen.

Im ISES! Gruppentraining werden Eltern dazu motiviert, ihr Wissen über das Internetnutzungsverhalten ihrer Kinder zu erhöhen, ohne Kontrolle auszuüben. Eltern werden stattdessen aufgefordert, in einen Dialog mit ihren Kindern zu treten und sie zu ihrer Lieblingsanwendung zu befragen (»Wertschätzung für ein Problem«, Einheit 2). Dabei sollten Eltern ihre möglichen negativen Gefühle gegenüber der präferierten Internetanwendung des Kindes eher in der Elterngruppe äußern und nicht gegenüber dem Kind. Die Eltern sollten sich im Rahmen der Übung bemühen, den Wert des Spiels oder des sozialen Netzwerkes aus den Augen des Kindes zu betrachten und Verständnis sowie Wertschätzung für die Kompetenzen des Kindes im Spiel oder im sozialen Netzwerk zu empfinden und auszudrücken. Zusätzlich erhalten die Eltern Informationen zu Computerspielen, sozialen Netzwerken und den Einflussfaktoren auf die Entstehung einer Sucht (Einheit 1). Dies soll einseitige negative Einstellungen reduzieren und somit mehr Offenheit und Verständnis gegenüber dem Kind fördern.

1.6.2 Das Vorbildverhalten

Eine Forschungsarbeit betrachtete verschiedene Einflussfaktoren auf das Internetnutzungsverhalten der Kinder. Es zeigte sich, dass das Vorbildverhalten der Eltern deutlich einflussreicher war als die Wünsche oder Regeln, die Eltern gegenüber ihren Kindern formulieren. Wenn Eltern beispielsweise die Wünsche äußern, dass ihr Kind mehr Sport treibt, früher schlafen geht, sich gesund ernährt und sich mit Freunden trifft, die Eltern dies aber selbst nicht vorleben, so hat die Forderung keinen Effekt bei den Kindern. Damit einhergehend zeigen Studien, dass die Häufigkeit elterlichen Computerspielens mit Symptomen einer Computerspielsucht bei Jugendlichen (Wu et al. 2016b) und das Ausmaß der elterlichen Internetnutzung mit dem der Internetnutzung von Jugendlichen einhergeht (Valcke et al. 2010). Jugendliche, deren Eltern eine Internetsucht aufweisen, haben ein dreifach erhöhtes Risiko, selbst eine Internetsucht zu entwickeln (Lam und Wong 2015; Lam 2020).

In Einheit 5 werden die Eltern dazu motiviert, ein ausgeglichenes Freizeitverhalten vorzuleben und somit ohne typische Appelle wie »Triff dich doch mal wieder mit deinen Freunden!« positiv auf ihr Kind einzuwirken. Außerdem werden sie im Gruppengespräch zu ihrer eigenen Mediennutzung befragt und aufgefordert darüber nachzudenken, ob sie etwas verändern möchten/sollten.

1.6.3 Medienspezifische Regeln

Etwa die Hälfte der Familien in Deutschland haben Regeln bezüglich der Dauer und Art der Computerspielnutzung ihrer Kinder. Etwa ein Drittel stellt Regeln zur Smartphone-Nutzung auf (Feierabend et al. 2016).

Der Forschungsliteratur nach zu urteilen kann der Einsatz von Regeln unterschiedliche Effekte haben. Mache Studien berichten, dass mehr Regeln mit weniger Symptomen einer Internetsucht einhergehen (Bonnaire und Phan 2017; Martins et al. 2020; van Petegem et al. 2019; Rehbein und Baier 2013). Des Weiteren gibt es diverse Ratgeber in Deutschland, die eine Begrenzung der Nutzungszeiten empfehlen. Man könnte daraus schlussfolgern, dass Regeln einen protektiven Wert haben.

Gleichzeitig gibt es Studien, die mehr Regeln mit mehr Problemen bei der Internetnutzung des Kindes in Verbindung bringen (Kalmus et al. 2015; Wu et al. 2016a; Xu et al. 2012). Eine Längsschnittstudie beschreibt, dass die Beschränkung der Nutzungsdauer zu mehr Symptomen einer Internetsucht führt, während die Auswahl der Inhalte mit weniger Problemen einher geht (van den Eijnden et al. 2010). Eine weitere Längsschnittstudie deutet daraufhin, dass strenge Regeln keinen Einfluss auf spätere Symptome einer Internetsucht haben (Choo et al. 2015). Daraus könnte man schlussfolgern, dass Regeln keinen Effekt haben oder sogar kontraproduktiv sind, vermutlich weil sie »die verbotene Frucht« noch interessanter machen.

Andere Studiendaten zeigen, dass rigide und chaotische Regeln (im Vergleich zu flexiblen und strukturierten Regelungen; Tafa und Baiocco 2009; Valcke et al. 2010) sowie inkonsistente Regelungen (Kveton und Jelinek 2016; Xin et al. 2018; Kammerl und Wartberg 2018) schädlich zu sein scheinen. Fidan und Seferoglu (2020) diskutierten in einer Übersichtsarbeit, dass Eltern mehr Verbote formulieren, wenn sie ihre eigenen Kompetenz mit digitalen Technologien als gering einschätzen. Der Einsatz von Verboten erfordere kaum inhaltliche Kompetenz und erscheine am einfachsten. Kammerl et al. (2012) beschrieben in ihrer Befragung von Eltern in Deutschland, dass diese es ablehnen, sich mit medienbezogenen Themen auseinanderzusetzen und in Anbetracht der hohen Geschwindigkeit der medialen Entwicklung resignieren.

Der klinischen Erfahrung nach zu urteilen, gibt es eine wechselseitige Beziehung zwischen dem Aufstellen von Regeln und dem Nutzungsverhalten der Kinder. Eltern reagieren mit strengeren Regelungen, wenn sie bei ihren Kindern Schwierigkeiten mit der eigenen Kontrolle von Mediennutzungszeiten beobachten. Strenge und unflexible Regelungen, vor allem für Jugendliche, die um Autonomie ringen, provozieren hingegen einen stärkeren Nutzungsdrang. Eltern müssen demnach auf dem schmalen Grat zwischen unterstützender Regulation und Autonomie zulassender Flexibilität balancieren. Das Alter der Kinder ist hierbei sicherlich ein wesentlicher Einflussfaktor. Je jünger die Kinder sind, desto mehr ist eine äußere Kontrolle sinnvoll, die eine fehlende Selbstkontrolle kompensiert.

Im ISES! Gruppentraining werden keine Mediennutzungsregeln empfohlen oder vorgegeben. Zum einen, weil sich das Training an Eltern von Jugendlichen richtet, die in ihrer Selbstbestimmung und Ablösung gefördert werden sollen. Zum anderen, weil Regelungen in jeder Familie sehr individuell gestaltet werden müssen und es daher keine Blaupausen gibt. Im Training wird allerdings darauf hingewiesen, dass willkürlich wirkende, unüberlegte oder inkonsequent umgesetzt Regelungen einen schädlichen Einfluss haben können und daher vermieden werden sollen (▶ Kap. 2.2.2). Den Elternteilen wird empfohlen, sich vor der Vereinbarung von Regelungen miteinander auszutauschen, um einheitlich und damit für das Kind vorhersehbar agieren zu können.

In Einheit 1 werden typische Internetnutzungszeiten Jugendlicher in Deutschland dargestellt, an denen sich Eltern orientieren können, die Nutzungszeiten begrenzen wollen. In dem Zusammenhang wird darauf verwiesen, dass den Nutzungszeiten nicht zu viel Aufmerksamkeit geschenkt werden soll, um ein ständiges Verhandeln um erweiterte Zeiten zu vermeiden. Außerdem wird darauf hingewiesen, dass es sinnvoller ist, Inhalte zu besprechen, als rigide und willkürliche Nutzungszeiten einzufordern.

Im ISES! Gruppentraining wird der Schwerpunkt darauf gelegt, dass Eltern und Kinder wieder in Beziehung zueinander treten und wieder miteinander ins Gespräch kommen. Neu aufgestellte Regelungen, die oft mit Konflikten einhergehen, könnten diesem Prozess im Wege stehen.

1.6.4 Der Einsatz von Konsequenzen

Der Lerntheorie zufolge sind kurzfristige Konsequenzen wirksamer als langfristige Konsequenzen. Natürliche Konsequenzen werden eher akzeptiert als künstliche Konsequenzen. Positive Konsequenzen unterstützen den Verhaltensaufbau, während negative Konsequenzen eher zum Verhaltensabbau eingesetzt werden können. Studien zeigen in dem Zusammenhang, dass die Bestrafung von Regelverletzungen mit Taschengeld oder der Verfügbarkeit des Computers eher mit mehr Symptomen einer Computerspielsucht einher gehen (Xu et al. 2012).

Im ISES! Gruppentraining werden Eltern über diese verhaltenstherapeutischen Grundlagen informiert. Sie werden dazu motiviert, eher positive, natürliche und kurzfristige Konsequenzen einzusetzen und ihr Kind eher für erwünschtes Verhalten (z. B. alternative Aktivitäten, Computerspiel selbständig beenden) zu loben statt für unerwünschtes Verhalten (z. B. zu lange Nutzungszeiten) zu tadeln oder zu sanktionieren (Einheit 2). In dem Zusammenhang wird auch eine mögliche Co-Abhängigkeit, also die positive Verstärkung des Suchtverhaltens durch die Eltern, thematisiert (siehe Kasten »Co-Abhängigkeit« im ▶ Kap. 1.5). Eltern werden aufgefordert, drohende negative Konsequenzen, die durch das Nutzungsverhalten des Kindes entstehen, zuzulassen, solange diese nicht langfristig und nachhaltig dem Kind schaden können.

1.7 Kommunikation

Die Kommunikation in Familien mit internetsüchtigen Jugendlichen ist oft geprägt von Vorwürfen, Verteidigung und gegenseitigen Schuldzuweisungen. Jugendliche reagieren auf Vorwürfe ihrer Eltern mit Stille oder Aggression und ziehen sich weiter in die virtuelle Welt zurück (Bonnaire et al. 2019). Forschungsarbeiten zeigen, dass viele Jugendliche von Konflikten mit den Eltern wegen der Internetnutzung berichten (Borca et al. 2015) und viele Eltern sich über die Internetnutzung ihrer Kinder ärgern (Livingstone und Bober 2004). Dabei macht die Art, wie miteinander gesprochen wird, den Unterschied zwischen einem Austausch oder Gespräch und einem Streit.

Langzeitstudien konnten zeigen, dass eine eingeschränkte Qualität der Eltern-Kind-Kommunikation ein Vorläufer sein kann für eine sich später entwickelnde Internetsucht-Symptomatik bei den Jugendlichen (van den Eijnden et al. 2010). Die Jugendlichen wurden dabei gefragt, wie verstanden, ernst genommen und wohl sie sich im Kontakt mit den Eltern bei der Kommunikation über das Internet fühlen. Gleichzeitig konnte diese Forschungsarbeit zeigen, dass die Quantität der Kommunikation eher als Folge der Symptomatik beeinträchtigt zu sein scheint.

Kommunikation ist das, von dem wir in den Elterngruppen erwarten, dass es die Eltern am meisten voranbringt. Durch Kommunikation werden Eltern oder Jugendliche erreicht (oder auch nicht) und Veränderungsprozesse angestoßen (oder auch nicht). Durch Kommunikation können Eltern ihrerseits den betroffenen Jugendlichen helfen, wenn sie denn hilfreich mit ihnen kommunizieren. Auf den ersten Blick erscheint Kommunikation geradezu märchenhaft, wie ein großer goldener Schlüssel, der die Pforte aufschließt, die Eltern von ihren Kindern, die sich in ihrer Problematik verlaufen haben, trennt. Wie die Lesenden aber vermutlich richtig erwarten, ist die Angelegenheit weit davon entfernt, derart simpel zu sein.

1.7.1 Kommunikation und Authentizität

Kommunikation ist individuell und ein Teil jeder Person. Sie ist die Fortsetzung eines inneren Gesprächs in die Realität. Ob das eigene Denken und Fühlen ehrlich und offen durch Kommunikation an andere übertragen oder es zunächst dekoriert und schöngefärbt wird, damit es anderen besser gefallen kann, beeinflusst, wie andere ihrerseits denken und reagieren. Die eigene Kommunikation ist auch ein Ausdruck dessen, was Personen an sich selbst akzeptieren und was sie anderen vielleicht nicht zeigen möchten.

Kommunikation kann auch ein Werkzeug im Kontakt mit anderen Menschen sein. Wie werden nun die Eltern auf Impulse reagieren, ihre Kommunikation zu verändern? Einige von ihnen werden sicherlich kommunikative Werkzeuge erwarten (10 wirksame Tricks zur erfolgreicheren Kommunikation). Sie erhoffen sich vielleicht Vorgehensweisen, um ihre Kinder effektiver dazu zu bringen, zu tun, was sie von ihnen wollen. Mit den psychologischen Kommunikationsmodellen von Friedemann Schulz von Thun (2020), Thomas Gordon (2022) und Marshall Rosenberg (2001), die im ISES! Gruppentraining in den wichtigsten Aspekten vorgestellt werden, kann das auch gelingen. Sie können instrumentell und in gewisser Weise manipulativ eingesetzt werden, um andere Menschen für sich zu gewinnen und zu beeinflussen. Das Problem dieser instrumentellen Nutzung ist allerdings, dass dann eine Rolle übernommen und ein Schauspiel gespielt wird, und es von den Schauspielqualitäten und der Undurchschaubarkeit der Rolle abhängt, ob die neue Art der Kommunikation als echt oder als aufgesetzt erlebt und damit mehr oder weniger wirksam wird.

Die Werke von Friedemann Schulz von Thun und Marshall Rosenberg, aus denen Elemente zur Kommunikation in das Gruppentraining eingebracht werden, wurzeln in der humanistischen Psychologie eines Carl Rogers (1902–1987). Dieser hätte wohl sinngemäß geraten: »Mache kein Schauspiel aus deinem eigenen Leben. Trau dich, im hier und jetzt, du selbst zu sein«. Wenn Eltern ihren Kindern echt und ohne Fassade, empathisch, wertschätzend und fürsorglich von Person zu Person begegnen wollen, werden sie die kommunikativen Prinzipien der beiden Theorien am besten verwirklichen können und Missverständnisse in der Kommunikation am besten vermeiden oder im Gespräch hinterher klären können. Dazu kann es notwendig sein, nicht nur die eigene Kommunikation zu verändern, sondern auch das eigene Denken: Wenn ich z. B. Computerspiel hasse oder in anderer Weise abwerte, kann ich nicht auf mein Kind mit den Worten zugehen: »Zeige mir doch bitte einmal, was du da am Computer genau machst, das interessiert mich wirklich«. Wenn ich dagegen realisiere, dass das Computerspiel von meinem Kind heiß und innig geliebt wird, ich wiederum mein Kind sehr liebe, dann kann ich vielleicht im Umgang mit meinem Kind meine negativen Bewertungen des Spiels etwas zurücknehmen, weil ich es damit verletzen würde.

Die Eltern können sich fragen: Bin ich bereit, mich selbst zu ändern, damit ich meinem Kind besser helfen kann? Bin ich bereit mich zu hinterfragen und sorgfältig zu schauen, wo mein eigenes Verhalten und meine Kommunikation gar zur problematischen Situation beiträgt? Steckt hinter meinem Ärger auf mein Kind, dass ich von seinem Verhalten verletzt bin und auch in großer Sorge, dass sich an der Situation nichts ändert? Möchte ich diese Gefühle aber nicht zeigen, weil ich sie für schwach halte? Kann ich diese Schwäche auch akzeptieren, da sie aus der Schwäche für mein Kind entsteht und eigentlich ein positiver Ausdruck der Beziehung ist? Wenn Eltern dies akzeptieren, können sie es ihren Kindern vielleicht auch zeigen. Vielleicht verstehen diese dann, dass sie die Eltern mit ihrem Verhalten verletzen und in Sorge versetzen, vielleicht sind sie dann sogar bereit, über Kompromisse nachzudenken, welche die Situation für beide erleichtern.

Eltern können nur an ihrem eigenen Verhalten etwas verändern, nicht an ihren Kindern. Damit das gelingt, sollte man über den Rat von Carl Rogers nachdenken, dass ein seltsames Paradoxon darin bestehe, dass ich mich ändern kann, wenn ich mich so akzeptiere, wie ich bin (»The curious paradox is that when I accept myself just as I am, then I can change«, aus »On Becoming a Person: A Therapist's View of Psychotherapy«). Wenn ich mich selbst mehr akzeptieren und wertschätzen kann, werde ich auch mein Kind mehr akzeptieren und wertschätzen können.

Wenn es Eltern gelingt, die Akzeptanz von sich selbst und dem anderen und die grundlegende Wertschätzung durch die Kommunikation in die Eltern-Kind-Beziehung zurückzubringen, können sie diese Kraft für positive Veränderung nutzen. Diese Grundhaltung sollten die Trainerinnen und Trainer verstanden haben, um die Strategien vermitteln zu können, die im ISES! Gruppentraining den Eltern gezeigt werden.

1.7.2 Empathisches Zuhören

Eine weitere Grundhaltung bezieht sich auf das empathische Zuhören. Wiederum mit den Worten des Psychotherapeuten Carl Rogers (1980):

> »Wir glauben, dass wir zuhören, aber sehr selten hören wir mit echtem Verständnis, mit echter Empathie zu. Und doch ist diese besondere Art des Zuhörens eine der stärksten Kräfte für Veränderungen, die ich kenne.«
> (»We think we listen, but very rarely do we listen with real understanding, true empathy. Yet listening, of this very special kind, is one of the most potent forces for change that I know.«
> (Carl Rogers: »A Way of Being«, S. 116)

Empathisches Zuhören heißt, mit voller Aufmerksamkeit zuhören, sozusagen »ganz Ohr zu sein«. Dieses empathische Zuhören braucht Zeit und kann daher sicherlich nur Nischen füllen, die Arbeit und Haushalt uns lassen. Auf der anderen Seite können solche Gespräche auch gesucht und Gelegenheiten hergestellt werden, um Probleme zu besprechen.

Im ISES! Gruppentraining werden die Eltern aufgefordert, ihr Kind zu seinem bevorzugten Computerspiel oder sozialen Netzwerk zu befragen. Für dieses Zuhören sollen sich die Eltern Zeit nehmen. Außerdem sollen sie versuchen, das Spiel oder das soziale Netzwerk aus den Augen des Kindes zu erfahren, also ganz empathisch zu sein und auf Kritik am Spiel oder dem sozialen Netzwerk zu verzichten.

1.7.3 Vier-Seiten-Modell der Kommunikation

Menschen verarbeiten in Sekundenbruchteilen komplexe Informationen gesprochener Sätze – oder in den Worten von Schulz von Thun (2020): »Botschaften«. Schulz von Thun hat die Komplexität derartiger Sätze mit seinem »Vier-Seiten-Modell« vereinfacht und damit einer Analyse zugänglich gemacht. Diese Analyse kann hilfreich sein, nachzuvollziehen, wie etwas Gesagtes gemeint war und dann verstanden wurde.

- Auf der *Sachseite* wurde eine mehr oder weniger konkrete Information übermittelt.
- Auf der *Appellseite* wurde eine Person vielleicht aufgefordert, etwas zu tun oder nicht zu tun, bzw. in einer gewünschten Weise zu reagieren.
- Auf der *Beziehungsseite* enthielt die Botschaft Information darüber, wie die sendende zur empfangenden Person aktuell steht.
- Auf der *Selbstoffenbarungsseite* wurde mitgeteilt, wie es der sendenden Person gerade geht und welches Bedürfnis er/sie hat.

Will ich verstehen, was genau gemeint wurde, kann ich alle vier Seiten prüfen: Was will der/die Sprechende mir sagen? Will der Sender etwas von mir? Wie steht der Sender gerade zu mir? Wie mag es dem Sender wohl gerade gehen?

Das Vier-Seiten-Modell wird auch »Vier-Ohren-Modell« genannt. Damit ist der/die Empfangende gemeint, der/die »mit allen vier Ohren« jeweils verschiedene Aspekte der Botschaft hört. Ob die Botschaft dann so ankommt, wie sie gemeint war, hängt davon ab, ob alle Ohren angemessen genutzt worden sind oder die empfangende Person auf einem Ohr vielleicht zu hellhörig oder gar taub war.

Am besten lässt sich die Nützlichkeit des Modells für das Verständnis von Missverständnissen anhand von Alltagssituationen erklären. Da wäre etwa das Beispiel einer Familie vor dem gemeinsamen Abendessen. Um alle vier Seiten und Ohren in einem Beispiel unterzubringen, brauchen wir eine große Familie, hier also eine Senderin (die berufstätige Mutter) und den berufstätigen Vater sowie drei jugendliche Kinder (Natalie, Marc und Michael).

Die Mutter kommt ins Wohnzimmer, wo die anderen sitzen, und sagt: »Der Mülleimer ist schon wieder randvoll«. Die Vier schauen die Mutter an. Natalie denkt: »Na, gut zu wissen. Wollen wir jetzt endlich mit dem Abendessen anfangen?« Sie hat nur auf die Sachseite reagiert. Der Vater denkt: »Das muss wieder stressig im Büro gewesen sein, dass sie sich von einem Mülleimer so nerven lässt.« Er hat auf die Selbstoffenbarungsseite reagiert (und vielleicht schon etwas zu viel interpretiert). Marc denkt: »Sie ist sauer auf mich, weil ich den Mülleimer nicht geleert habe.« Und da hat er vielleicht recht, weil er zuständig war, den Eimer zu leeren. Jedenfalls hat er auf die Beziehungsseite reagiert. Michael ist sauer und denkt: »Jetzt helfe ich schon so viel im Haushalt mit, muss ich das jetzt auch noch machen?« Er hat einen Appell gehört und auf sich bezogen.

Aus dieser Botschaft könnte je nach den Reaktionen der Familie ein Streit entstehen. Reagiert die Familie gar nicht, wird die Mutter vielleicht richtig sauer, weil sie sich ignoriert fühlt. Spricht Natalie aus, was sie denkt, würde das Gefühl, ignoriert zu werden, verstärkt und der Ärger würde sich erstmal auf sie richten. Trifft der verdeckte Appell der Mutter, den Mülleimer zu leeren, auf eine Reaktion des empfindlichen Michael, der sich mit seinen Haushaltsverpflichtungen ohnehin überfordert fühlt und das unfair findet, könnte ein fulminanter Streit ausbrechen. Und in den Gedanken des Ehemanns, dass sich die Mutter vielleicht beruflich überfordert fühlt, steckt das Potenzial für einen veritablen Ehekrach.

Stattdessen hätte die Mutter präziser kommunizieren sollen, damit unnötige Streitereien vermieden werden. Drei allgemeine Ratschläge lassen sich ableiten: Zunächst hätte sie ihren Appell direkt aussprechen und an die Person richten sollen, die gemeint war. Sie hätte z. B. sagen können: »Lieber Marc, ich weiß, du willst mich nicht ärgern. Würdest du also bitte dafür sorgen, dass der Mülleimer leer ist, bevor ich von der Arbeit nach Hause komme? So hatten wir das doch eigentlich abgesprochen!« So wäre die Botschaft möglicherweise von allen verstanden worden. Wenn die Mutter tatsächlich aus dem Büro Ärger und Genervtsein mit nach Hause gebracht hätte, wäre es gut gewesen, das explizit auszusprechen und klarzustellen, dass das mit den Anwesenden nichts zu tun hat. So wird verhindert, dass sich der eigene Ärger ungewollt weiter ausbreitet. Wäre die Mutter ernsthaft sauer auf ihren Sohn Marc, weil sich eine ganze Reihe von Anlässen summiert hat (z. B. wurden übernommene Pflichten vielfach nicht erfüllt), so ist es für das Gespräch hilfreich, Sach- und Beziehungsebene zu trennen. Die Mutter sollte zunächst ansprechen, wie es ihr damit geht, wenn der Sohn die Erledigung von Aufgaben zusagt und dann versäumt. Ist die Beziehungsebene soweit geklärt, kann über das Sachliche, die Müllentsorgung, gesprochen werden. Dafür wäre allerdings der Moment unmittelbar vor dem gemeinsamen Essen kein geeigneter Zeitpunkt, ein Gespräch unter vier Augen sollte verabredet werden.

Im ISES! Gruppentraining wird Eltern das Vier-Seiten-Modell in Einheit 3 vermittelt. Das Modell wird als Strategie genutzt, um Probleme und Konflikte zu vermeiden, die schlicht durch Missverständnisse entstehen und durch die Art, wie etwas gesagt wurde.

Ausführlichere Informationen zum Vier-Seiten-Modell finden sich in folgendem Buch: Schulz von Thun, Friedemann (2020). Miteinander reden 1: Störungen und Klärungen: Allgemeine Psychologie der Kommunikation. 57. Aufl. Reinbek bei Hamburg: Rowohlt-Verlag.

1.7.4 Ich- und Du-Botschaften

Zur Vermeidung unnötiger familiärer Konflikte ist es außerdem hilfreich, die Art und Weise zu überdenken, wie Beobachtungen beschrieben werden. Dazu gehört der Rat, sogenannte »Du-Botschaften« zu meiden und weitestmöglich durch »Ich-Botschaften« zu ersetzen. Dieser Ratschlag stammt von Thomas Gordon (2022), dessen Buch auch heute noch unbedingt lesenswert ist: Gordon, Thomas (2022). Familienkonferenz: Die Lösung von Konflikten zwischen Eltern und Kind (Parenting Effectiveness Training 1970). München: Heyne.

Du-Botschaften machen eine Aussage über das Gegenüber, drücken in der Regel Tadel, Vorwurf, Schuldzuweisung aus. Du-Botschaften können als Angriffe erlebt werde, lösen eine Diskussion darüber aus, wer Recht hat, wobei sich das Gegenüber in einer Verteidigungsrolle fühlt. Um den Unterschied der Du-Botschaft zur Ich-Botschaft zu verdeutlichen, hier zunächst drei Beispiele von Du-Botschaften:

- »Du sitzt nur noch in deinem Zimmer und spielst! Das ist wirklich schon Sucht!«
- »Wenn du weiter andauernd auf den Bildschirm starrst, kriegst du noch Quadrataugen!«
- »Ich finde, du musst endlich aufhören damit, den ganzen Tag am Smartphone zu hängen!«

Alle drei Du-Botschaften bestehen aus der Verknüpfung »Du« mit dem Vorwurf »Zu viel Internetnutzung« – unabhängig davon, dass die dritte Du-Botschaft tatsächlich mit einem »Ich« beginnt. Nicht das »Ich« macht die Ich-Botschaft aus: Zwischen »Du Idiot« und »Ich finde, dass du ein Idiot bist« besteht kein bedeutsamer Unterschied. Hier nun eine Ich-Botschaft:

»Wenn ich mitbekomme, dass du so lange spielst, obwohl du so viel für die Schule zu tun hast, mache ich mir Sorgen und fühle mich auch irgendwie hilflos und sauer.«

Du-Botschaften werden sich im realen Leben kaum völlig vermeiden lassen, denn Eltern sind vor allem auch nur Menschen. Andererseits heizen Du-Botschaften Auseinandersetzungen und Konflikte an und sind wenig hilfreich, wenn es um die Herstellung einer friedlichen und lösungsorientierten Gesprächsgrundlage für den Austausch in der Familie geht. Daher sollten Eltern, wenn sie den Impuls einer Du-Botschaft spüren, die schnell und zielgerichtet das Gegenüber treffen könnte, kurz innehalten. Sie sollten sich dann die Mühe machen, das zu Sagende in eine Ich-Botschaft umzuwandeln. Du-Botschaften sind gut für Kämpfe, wer aber eine friedliche Problemlösung will, sollte sich um Ich-Botschaften bemühen.

Die Eltern erhalten in Einheit 3 des ISES! Gruppentrainings Impulse zu Ich- und Du-Botschaften.

1.7.5 Gewaltfreie Kommunikation

Die Gedanken zu Ich- und Du-Botschaften werden noch weiter ausgearbeitet im Handlungskonzept der »Gewaltfreien Kommunikation« von Rosenberg (2001). Die Regeln der Gewaltfreien Kommunikation sind zwar einfach, dennoch ist Gewaltfreie Kommunikation eine vor allem stärker bewusste Kommunikation. Sie ist bewusster, als das im Alltag üblich ist, wo Menschen reden wie ihnen sprichwörtlich »der Schnabel gewachsen ist«. Gewaltfreie Kommunikation kann daher als künstlich und aufgesetzt empfunden werden und Widerstand hervorrufen. Sie wird zudem in der Regel nicht spontan beherrscht, sondern muss geübt und eintrainiert werden. Die Mühe, Gewaltfreie Kommunikation zu lernen, lohnt sich allerdings, da es ansonsten keine derart einfachen und intuitiv verständlichen Methoden gibt, um sich in Situationen mit Konfliktpotenzial verständlich zu machen und das Gespräch konstruktiv zu halten.

Die vier Schritte der Gewaltfreien Kommunikation (GFK) können wie eine mathematische Formel zusammengefasst werden:

Wenn ich A sehe, dann fühle ich B, weil ich C brauche. Deshalb bitte ich dich um D.

- A ist die Beobachtung, die der Grund meiner Botschaft ist. Das ist eine konkrete Handlung oder das Ausbleiben einer Handlung, die ich mittels einer Ich-Botschaft benenne, aber nicht interpretiere.
- B ist das Gefühl, das durch diese Beobachtung in mir ausgelöst wird.
- C ist ein Bedürfnis (oder sind mehrere Bedürfnisse), das hinter dem genannten Gefühl steht.
- D ist ein Wunsch, der sich konkret aus dem Bedürfnis ergibt.

Um dies an einem Beispiel zu konkretisieren, soll die Situation des Beispiels der Ich- und Du-Botschaften aufgegriffen werden. Die ausgearbeitete Ich-Botschaft war schon recht nahe an GFK:

- Beobachtung: »Ich bekomme mit, dass deine Zimmertür wieder viele Stunden geschlossen ist und ich höre vor deinem Zimmer Geräusche vom Computerspiel.

Gleichzeitig weiß ich, dass du gerade schulisch viel zu tun hast und es um deine berufliche Zukunft geht.«
- Gefühl: »Ich fühle mich dann ganz hilflos und bin auch verärgert.«
- Bedürfnis: »Ich möchte, dass du aus deinem Leben etwas machen kannst und nicht aus kurzfristigem Spaß am Spiel deine schulische Laufbahn gefährdest.«
- Wunsch: »Bitte, erledige deine Hausaufgaben zuerst, danach kannst du tun, worauf immer du Lust hast!«

Die Eltern lernen grundlegende Strategien zur gewaltfreien Kommunikation in Einheit 4 des ISES! Gruppentrainings kennen.

Ausführlichere Informationen zur Gewaltfreien Kommunikation finden sich in folgendem Buch: Rosenberg, M. (2001). Gewaltfreie Kommunikation: Eine Sprache des Lebens. Junfermann Verlag: Paderborn.

1.7.6 Körpersprache

In den Einheiten 3 und 4 des ISES! Gruppentrainings lernen die Eltern viel über den Inhalt des Gesagten. Emotionale Informationen werden aber auch und vielleicht vor allem über Mimik, Stimmlage, Körperbewegung und Körperhaltung ausgedrückt (Gelder et al. 2015). Dabei zeigt unsere Körpersprache einerseits, wie wir uns fühlen. Andererseits kann eine bewusste Veränderung unserer Körpersprache auch Einfluss darauf haben, wie wir uns fühlen. Stehe ich aufrecht, hebe den Blick, suche Blickkontakt und nehme die Schultern nach hinten, dann kann das unterstützen, dass ich mich selbstsicherer fühle.

Es geht dabei nicht darum, Gefühle zu verstecken und Selbstsicherheit zu schauspielern, obwohl sich Eltern eigentlich aggressiv oder unsicher fühlen. Wenn sich Eltern unsicher oder aggressiv fühlen, dann sollten Eltern versuchen, dies auch in Worte zu fassen, um Missverständnisse zu vermeiden.

Im ISES! Gruppentraining werden Eltern drei Formen der nonverbalen Kommunikation vermittelt (in Anlehnung an Hinsch und Pfingsten 2015):

Selbstsichere Kommunikation:

- Stimme: Laut, deutlich, ruhig, tief, klar
- Körperhaltung: Aufrecht, offen, Blickkontakt suchend, ruhig oder lebhaft, locker oder entspannt

Unsichere Kommunikation:

- Stimme: Leise, hell, undeutlich, zittrig
- Körperhaltung: Sich klein machen, Arme verschränkt, kein Blickkontakt, nervöses Hin-und-her-treten, viel Gestikulieren, immer lächeln, verkrampft

Aggressive Kommunikation:

- Stimme: Schreien, schrill
- Körperhaltung: Oberkörper nach vorne gerichtet, Drohgebärden (z. B. Zeigefinger oder Faust), groß machen, kein oder starrer Blickkontakt, angespannt, wild gestikulierend

Wir empfehlen Eltern im ISES! Gruppentraining die selbstsichere Kommunikation, wenn sie mit einem Anliegen auf ihr Kind zugehen. Wenn Eltern selbstsicher kommunizieren, zeigen sie, dass sie sich selbst und die Situation im Griff haben und emotional ausgeglichen sind.

> **Warnung vor zu hohen Ansprüchen**
>
> Dieser Abschnitt des Manuals soll mit einer Warnung vor zu hohen Ansprüchen auf das im Rahmen eines Elterntrainings Leistbare abgeschlossen werden. Ein effektives Kommunikationstraining dürfte allein viele Sitzungen umfassen und müsste hohe Anteile an Rollenspielen und Übungen enthalten. Die Lernziele zum Thema Kommunikation müssen im ISES! Gruppentraining daher angemessener gesetzt werden. Die Eltern sollen im Rahmen des Trainings vor allem dazu angeregt werden, ihre eigene Kommunikation zu hinterfragen und sensibler für ihre eigenen Beiträge zu Konflikten zu werden. Dabei geht es nicht darum, einen Anteil von Schuld auf die Eltern zu übertragen, sondern darum, Änderungspotenzial zu entdecken. Andauernde Konflikte können zu Hilflosigkeit führen – Handlungsoptionen im eigenen Kommunikationsverhalten bieten Möglichkeiten, konkret etwas zu ändern. Eltern können ihr Zuhören intensivieren und ihren Kindern deutlicher zeigen, was das Verhalten der Jugendlichen mit ihnen macht. Sie können ganz allgemein bewusster kommunizieren, indem sie sich stärker der Quellen von Missverständnissen (Schulz von Thun) bewusstwerden, Du-Botschaften zu Gunsten von Ich-Botschaften (Gordon) vermeiden und bei der Vermittlung von Anliegen GFK (Rosenberg) ausprobieren.

1.8 Eltern-Kind-Beziehung

»Ich vermisse mein Kind!«. So formulierte es eine Mutter unter Tränen während eines Gruppentermins. Sie schilderte, dass ihr Kind zwar nur zuhause sei, sie aber keine Verbindung mehr zu ihm spüre, nicht wisse was in ihm vorgehe und es keine gemeinsame Zeit oder Gespräche mehr gebe. Es sei mehr eine Art Wohngemeinschaft geworden, ohne dass ihr Kind Miete zahle.

Dieses Beispiel veranschaulicht, wie belastet die Beziehung zwischen Eltern und Kind im Kontext einer Internetsucht sein kann. Im Einklang damit zeigten Eltern, die im Rahmen der Pilotstudie am ISES! Gruppentraining teilnahmen, eine unterdurchschnittliche Eltern-Kind-Beziehung (▶ Kap. 3).

Die Eltern-Kind-Beziehung ist einer der am besten belegten familiären Einflussfaktoren bei Internetsüchten. Sie kann sowohl an der Entwicklung und Aufrechterhaltung einer Störung beteiligt sein als auch als Folge darunter leiden (Brandhorst et al. 2021). Eine hohe Qualität der Eltern-Kind-Beziehung scheint Jugendliche vor der Entwicklung einer Internetsucht zu schützen. Familiäre Verbundenheit, Nähe und Wärme sowie gemeinsam verbrachte Zeit gelten laut Forschungslage dabei als positive Einflussfaktoren (Tóth-Király et al. 2021; Marrero et al. 2021). Umgekehrt scheint fehlende elterliche Fürsorge, ein Mangel an Wärme, Empathie und Nähe zwischen Eltern und Kind sich ungünstig auszuwirken und eher zu der Entwicklung einer Internetsucht beizutragen.

In ihrem Artikel schrieben Tóth-Király et al. (2021), dass das von den Jugendlichen wahrgenommene fürsorgliche Verhalten der Mütter besonders einflussreich auf eine sich entwickelnde Internetsucht bei den Jugendlichen sein könnte. Mit anderen Worten: Je mehr Fürsorge die Jugendlichen von ihren Müttern wahrgenommen haben, desto geringer waren ihre Symptome einer Internetsucht. Ob die Mutter- oder die Vater-Kind-Beziehung besonders einflussreich ist, gilt in der Forschung aber nicht als klar belegt. Manche Studien deuten darauf hin, dass die Mutter-Kind-Beziehung einen größeren Einfluss hat (Xu et al. 2014). Andere Studien kommen zu dem Schluss, dass die Vater-Kind-Beziehung hinsichtlich väterlicher Vernachlässigung die Entwicklung von Symptomen einer Internetsucht begünstigen könnte (Schneider et al. 2017). Bezüglich weiterer relevanter familiärer Aspekte deutet die Forschungslage außerdem darauf hin, dass ein erhöhtes Risiko für eine Suchtentwicklung bei Jugendlichen bestehen könnte, die bei nur einem Elternteil aufwachsen (Schneider et al. 2017).

Die Erfahrung aus den stattgefundenen Gruppen zeigt: In betroffenen Familien gibt es meist nur noch wenig freundlichen Austausch oder emotionale Nähe zueinander, stattdessen stehen Konflikte und verhärtete Haltungen bezüglich der Internetnutzung des Kindes im Fokus. Einigen Eltern mag es gar nicht bewusst sein, wie ausschlaggebend eine gute Beziehung zu ihrem Kind sein kann, um sowohl der Entwicklung von Symptomen einer Internetsucht vorzubeugen, aber auch um sich auf eine bereits vorhandene problematische Internetnutzung bei ihrem Kind positiv auszuwirken. Für andere Eltern scheint die Beziehung mittlerweile in einem Meer von Streitigkeiten untergegangen zu sein und ist vor lauter Fixierung auf die Internetaktivitäten völlig aus dem Blick geraten. Wiederum andere haben die fehlenden Einflussmöglichkeiten auf ihr Kind und die gescheiterten Einflussversuche hilflos werden lassen.

Wenn sich auf der anderen Seite Jugendliche an ständige Ermahnungen und Streit gewöhnt haben und sich hinter innere Mauern und Schutzwälle zurückgezogen haben, meiden sie den Kontakt zur Familie, sodass korrigierende positive Beziehungserfahrungen verhindert werden. Sie betrachten die Eltern als Gegner und nicht als Kooperationspartner und lassen aus strategischen Gründen keine kritischen Gespräche über ihre Internetnutzung zu. Sie erwarten im Kontakt mit den Eltern kein Verständnis und erst recht keine Wertschätzung, sondern Mahnungen, Appelle und Sanktionen.

Eltern sollten ihren Fokus also neu ausrichten und etwas weniger an der Internetnutzung der Kinder und mehr an der Eltern-Kind-Beziehung arbeiten. So können sie indirekt Einfluss auf das Internetnutzungsverhalten ihrer Kinder nehmen. Die Priorisierung sollte lauten: Erziehung geht nur mit Beziehung.

1.8.1 Förderung der Eltern-Kind-Beziehung im Training

Der Schutz und die Pflege der Eltern-Kind-Beziehung ist ein Anliegen, das sich über das gesamte ISES! Gruppentraining zieht. Alle bisher berichteten Strategien, beispielsweise der Kommunikation und der Erziehung, sind so ausgerichtet, dass sie einen wertschätzenden und respektvollen Umgang miteinander fördern.

Im ISES! Gruppentraining widmet sich Einheit 5 ganz explizit der Eltern-Kind-Beziehung im Kontext gemeinsam verbrachter Zeit. Eltern können unter anderem über diesen Weg positive Beziehungserfahrungen ermöglichen und der Beeinträchtigung der Beziehung durch Konflikte entgegenwirken. Gerade in Krisenzeiten, in denen sorgenvolle Gedanken allgegenwärtig sind, ist es wichtig, aktiv den Blick auf das Positive zu richten. Angebote für gemeinsam verbrachte Zeit können auch das Risiko reduzieren, dass sich Kinder oder Jugendliche durch unangemessenes Verhalten die Aufmerksamkeit der Eltern sichern. Bei der gemeinsamen Zeit geht es um Qualitätszeit und nicht um eine reine Steigerung der Quantität. Kurze, aber intensive Momente, in denen positive Gefühle geteilt werden, können wertvoller und heilsamer für eine Beziehung sein als ausgedehnte Ausflüge, bei denen die direkte Interaktion zu kurz kommt.

Eine klassische Situation, um ritualisierte gemeinsame Zeit zu verbringen, sind Essenszeiten. Nicht für jede Familie muss hierin die Lösung liegen, allerdings bietet es sich an, eine gemeinsame Mahlzeit als festes Ritual für die ganze Familie zu etablieren. Denn gegessen werden muss ohnehin jeden Tag und auch mit zunehmendem Alter der Jugendlichen kann dies eine Zusammenkunft sein, in der noch Austausch möglich ist. Allerdings sollte dies dann eine Zeit ohne Streitgespräche, Vorwürfe oder Stress sein, in der sich die Familienmitglieder über ihren Tag austauschen können und nicht von Medien abgelenkt werden – dies schließt das Verhalten der Eltern mit ein. Letztlich empfiehlt es sich, dass die Eltern feste Zeiten ermöglichen, in denen sie sich mit ihrem Kind über positive Erlebnisse austauschen und positive Emotionen teilen können, um so die Beziehung zu stärken – ob dies nun im Rahmen gemeinsamer Mahlzeiten oder in anderer Form umgesetzt wird, ist zweitrangig. Eine feste Uhrzeit für das gemeinsame Essen hilft bei der Planung von Computerspiel-Zeiten. Denn in manchen Spielen dauern Spielerunden länger und die Mitspielenden wären nachvollziehbarerweise verärgert, wenn jemand während einer Runde das Spiel verlässt.

1.8.2 Eltern-Kind-Beziehung in der Pubertät

Auch wenn positive gemeinsam verbrachte Zeit eine wichtige Ressource darstellen kann, steht im Jugendalter gleichzeitig auch eine Ablösung des Kindes an. Die Loslösung und emotionale Unabhängigkeit von den Eltern wird als eine notwendige Entwicklungsaufgabe im Jugendalter angesehen (ausführlichere Informationen können z. B. bei Eschenbeck und Knauf in ihrem Kapitel zu »Entwicklungsaufgaben und ihre Bewältigung« nachgelesen werden; Eschenbeck und Knauf 2018). Die Beziehung zwischen Eltern und Kind wird neu ausgehandelt und umgestaltet. Die Jugendlichen werden zunehmend unabhängig und treffen ihre eigenen Entscheidungen – egal wie die Eltern diese Entscheidungen bewerten mögen.

Eltern sollten diese Autonomieentwicklung unbedingt zulassen, denn eine elterliche Überbehütung steht im Zusammenhang mit mehr Symptomen einer Internetsucht bei Kindern und Jugendlichen (Faltýnková et al. 2020). Die Balance zwischen elterlicher Fürsorge und Schutz ihres Kindes bei gleichzeitiger Wahrung und Förderung der jugendlichen Eigenständigkeit ist nicht leicht. Es kann den Eltern schwerfallen, ihre jugendlichen oder jungen erwachsenen Kinder loszulassen und ihnen zunehmend mehr Eigenständigkeit und Eigenverantwortung anzuvertrauen. Mit dem Rückzug in das Zimmer und die »Spielwelt« oder auch die Welt der sozialen Netzwerke ziehen sich die Jugendlichen häufig auch aus dem Einflussbereich der Eltern zurück. Für Eltern ist es erfahrungsgemäß nicht leicht, in diese Welt nicht folgen zu können und dort keine Kontrolle ausüben zu können. Dabei ist zu befürchten, dass die Eltern die Internetanwendung gänzlich verurteilen und verteufeln, ohne jegliches Verständnis oder Interesse für die Begeisterung des Kindes zu zeigen. Eltern, die ihre Kontrolle über das Kind nicht abgeben wollen oder können, greifen vermutlich eher zur »verführerischen Sucht-Hypothese« (▶ Kap. 1.2.2) und verwehren ihrem Kind das Recht auf eigene Entscheidungen. Manche Eltern könnten außerdem versuchen, durch technische Lösungen die Kontrolle über die Internetnutzung ihrer Kinder zu erhalten. Die Erfahrung zeigt allerdings, dass solche Software gegen den Widerstand der Jugendlichen wenig zielführend ist. Jugendliche finden in der Regel Schlupflöcher und können Einstellung mit etwas Mühe umgehen. Wird beispielsweise das WLAN beschränkt, dann nutzen Jugendliche ihre mobilen Daten, das WLAN des Nachbarn oder andere öffentlich zugängliche Internetverbindungen oder sie laden sich Filme und Videos vorab herunter, um diese dann offline anzuschauen. Der Kreativität sind keine Grenzen gesetzt. Daher sollten solche Methoden nur mit Zustimmung der Jugendlichen eingesetzt werden (siehe auch »Typische Situationen« in ▶ Kap. 2.3).

Bei der Auswahl von gemeinsamen Aktivitäten sollten Eltern kreativ werden. Kreative Ideen (z. B. Lasertag, Geocaching, Bouldern) wecken bei Pubertierenden in der Regel mehr Interesse als altbewährte Traditionen (z. B. Wandern, Museum). Die Erfahrung zeigt, dass Eltern in der Gruppe von einem Austausch regionaler Angebote und Erfahrungen profitieren. Im ISES! Gruppentraining wird den Eltern geraten, dass sie die Jugendlichen in die Planung solcher Aktivitäten einbeziehen.

Manchmal berichten Eltern, dass ihre Jugendlichen gemeinsame Zeit mit den Eltern oder der Familie ablehnen. Es besteht Unsicherheit auf Seiten der Eltern, wie viel Kontakt und Nähe von den Jugendlichen im Zuge der Pubertät und Autonomieentwicklung überhaupt noch erwünscht sind. Ebenso wird das wiederholte Ablehnen von Kontaktangeboten von den Eltern persönlich genommen. Es kann verletzend sein, wenn das Kind nur noch Absagen erteilt und dies möglicherweise auch auf unfreundliche oder beleidigende Art. Hier gilt es, im Rahmen der Trainingsgruppen die Gefühle der Eltern anzuerkennen und sie dennoch dazu zu motivieren, nicht aufzugeben. Eltern sollten trotz Ablehnung aktiv das Positive in ihrem Kind und in der Eltern-Kind-Beziehung suchen und nicht zulassen, dass die

Problematik die Eltern-Kind-Beziehung überschattet. Sie können beispielsweise ein Positiv-Tagebuch führen, indem sie kleinen positiven Momenten mit dem Kind oder positiven Eigenschaften des Kindes Beachtung schenken. Auch wenn die Jugendlichen gemeinsame Aktivitäten aktuell ablehnen, kann sich das in kürzester Zeit wieder ändern. Keine gemeinsame Zeit mehr anzubieten, kann von Jugendlichen schnell als fehlendes Interesse der Eltern gedeutet werden. Eltern brauchen also einen langen Atem und sollten Zurückweisungen nicht persönlich nehmen.

Wenn sich die Jugendlichen nicht zur gemeinsamen Aktivität überreden lassen, so sollten die Eltern Aktivitäten allein wahrnehmen und mit gutem Beispiel voran gehen. Eltern dürfen ihre Kinder mit sanftem Druck zur gemeinsamen Zeit motivieren, Zwang und Erpressung sind aber kontraproduktiv. Ein Beispiel: Die Eltern haben im Kontakt mit ihren beiden Kindern ein Ausflugsziel für den Sonntag vereinbart, auf das sich alle einigen konnten. Am entsprechenden Sonntag möchte der/die Jugendliche, der/die möglicherweise Symptome einer Internetsucht zeigt, aber nicht mitgehen. Sanfter Druck wäre es, wenn die Alternative zuhause möglichst unattraktiv gemacht wird, beispielsweise indem kein Internet zur Verfügung steht (▶ Kap. 1.6). Gleichzeitig sollten die Eltern ihren Unmut darüber äußern, dass ihr Kind sich nicht an die Vereinbarung halten möchte und ihren Wunsch äußern, ihr Kind unbedingt mit dabei haben zu wollen (▶ Kap. 1.7). Ein gewaltvolles Erzwingen oder der Einsatz von willkürlich negativen Konsequenzen (z. B. Internetverbot für einen Monat) würde der Eltern-Kind-Beziehung nur schaden. Die Eltern sollten mit dem Geschwisterkind allein zum Ausflug gehen und sich diesen nicht verderben lassen, sondern ihm im Gegenteil möglichst bewusst genießen (▶ Kap. 1.5).

1.9 Fazit

Eltern können über verschiedenste Wege versuchen, indirekt das Internetnutzungsverhalten ihrer Kinder zu beeinflussen. Nicht nur über konsistente und konsequente Regelungen, die im Austausch mit den Jugendlichen zustande kommen, sondern auch über eine positiv gestaltete Eltern-Kind-Beziehung, eine adäquate Vorbildfunktion (bzgl. Mediennutzung, Freizeitgestaltung, Stress- und Emotionsregulation) und durch eine Kommunikation, die auf Respekt, Wertschätzung und Authentizität basiert und Konflikte und Eskalationen reduziert. Damit kann ein ehrlicher und selbstkritischer Dialog zwischen Eltern und Kind gefördert werden, der optimalerweise in einer Verhaltensänderung seitens des Kindes mündet oder auch darin, dass die Jugendliche sich für eine Beratung oder Behandlung öffnen.

Beziehung, Kommunikation und Erziehung gehen Hand in Hand – daher werden alle Aspekte in diesem Training beleuchtet.

2 Das ISES! Gruppentraining

2.1 Vorbereitung

2.1.1 Struktur des Trainings

Das ISES! Gruppentraining besteht aus sechs Einheiten. Jede Einheit dauert ca. 1,5 Stunden. Es ist für eine geschlossene Gruppe konzipiert. Das bedeutet, dass eine feste Gruppe die sechs Einheiten durchläuft und kein Quereinstieg mitten im Training geplant ist.

An einer Trainingsgruppe können vier bis acht Familien bzw. Elternpaare, also vier bis 16 Elternteile teilnehmen. Die Erfahrung zeigt, dass die ideale Gruppengröße aus sechs Familien besteht. Wenn eine Gruppe mit vier Familien gestartet wird, reduziert sich der gemeinsame Austausch stark, sobald einzelne Familien nicht an allen Trainingsterminen teilnehmen können. Bei Gruppen, die aus acht oder mehr Familien bestehen, ist oft der zeitliche Rahmen sehr eng, sodass persönliche Schilderungen zu kurz kommen.

Wir empfehlen, dass beide Elternteile am Training teilnehmen. Ist dies nicht möglich, so können auch einzelne Elternteile oder die Eltern abwechselnd am Training teilnehmen. Eine abwechselnde Teilnahme der Eltern ist sowohl für den Beziehungsaufbau in der Gruppe als auch für die betreffende Familie jedoch oft schwierig, da zuhause eine gute Übergabe gelingen muss, um den Anschluss nicht zu verlieren.

Jede Einheit besteht aus drei Teilen:

1. Dem Austausch (ca. 45 Minuten)
2. Der Bearbeitung eines thematischen Schwerpunkts (ca. 45 Minuten)
3. Der Übungsaufgabe für zuhause

Der Austausch der Familien orientiert sich stets an einem vorgegebenen Thema und bezieht sich, abgesehen von Einheit 1, auf die Übungsaufgaben für zuhause. Bei der Bearbeitung eines thematischen Schwerpunktes wird Wissen durch die Trainerinnen und Trainer vermittelt und gemeinsam durch Einzel- oder Gruppenübungen am Flipchart oder im Handout vertieft. Die Übungen haben das Ziel, das in der Einheit Gelernte anzuwenden oder neue Inhalte im Selbststudium zu erarbeiten.

2.1.2 Zielgruppe

Teilnehmen können Eltern von Jugendlichen und jungen Erwachsenen. Die Evaluation des Trainings (▶ Kap. 3) bezog sich auf Jugendliche und junge Erwachsene im Alter von 12 bis 21 Jahren. Es spricht jedoch nichts dagegen, die Altersspanne zu erweitern, solange es sich um Jugendliche in der Autonomiephase handelt (also keine Kinder) und die jungen Erwachsenen noch zuhause leben.

Die Jugendlichen sollten gemäß der Einschätzung der Eltern Probleme mit Computerspielen oder sozialen Netzwerken haben. Das Gruppentraining wurde mit Fokus auf diese beiden Problembereiche entwickelt. Nach eigenem Ermessen könnten aber auch Eltern, deren Kinder andere Internetanwendungen problematisch nutzen, an der Gruppe teilnehmen. Mit Problemen sind Symptome einer Sucht gemeint, also Hinweise auf einen Kontrollverlust, eine Priorisierung der Nutzung gegenüber anderen Lebensbereichen sowie die Fortführung der Nutzung trotz negativer Konsequenzen (▶ Kap. 1.2.3). Dabei ist es nicht notwendig, dass bei den Jugendlichen zuvor eine Diagnostik stattgefunden hat. Die subjektive Einschätzung der Eltern ist für eine Trainingsteilnahme entscheidend.

Am Training nehmen ausschließlich die Eltern teil. Eine Beteiligung der Jugendlichen ist nicht vorgesehen. Damit soll der Situation Rechnung getragen werden, dass die Eltern häufig bereits Probleme sehen, bevor die Betroffenen selbst eine Problemeinsicht oder Veränderungs- bzw. Therapiebereitschaft zeigen. Dennoch ist es wünschenswert, wenn sich die Betroffenen parallel zum ISES! Gruppentraining der Eltern zu einer eigenen Diagnostik oder Behandlung motivieren lassen.

2.1.3 Anforderungen an die Trainerinnen und Trainer

Gruppentherapien oder Gruppentrainings gehen grundsätzlich mit einigen Anforderungen an die Trainerinnen und Trainern einher. Einige typische Situationen, die herausfordernd sein können, beschreiben wir in ▶ Kap. 2.3. Es werden aber sicherlich unerwartete und herausfordernde Situationen auftreten, auf die sich die Trainerinnen und Trainer im Vorfeld nicht vorbereiten können. Hier hilft eine gewisse Erfahrung im Umgang mit Eltern und in der Führung von Gruppen, um solchen Situationen souverän begegnen zu können. An der Wirksamkeitsstudie (▶ Kap. 3) waren größtenteils erfahrene Psychotherapeutinnen und Psychotherapeuten beteiligt. Das Gruppentraining ist jedoch nicht nur für Psychotherapeutinnen und Psychotherapeuten konzipiert, sondern selbstverständlich auch von anderen Berufsgruppen anwendbar, die mit der Zielgruppe arbeiten.

Wenn Sie mehr über Grundlegendes zu Gruppentherapien lesen möchten, empfehlen wir folgende Literatur: Irvin D. Yalom (2015): Theorie und Praxis der Gruppenpsychotherapie (Leben Lernen, Bd. 66): Ein Lehrbuch. 66 Bände: Klett-Cotta.

Die bisherige Erfahrung zeigt außerdem, dass ein Trainerinnen-/Trainerteam aus zwei Personen mit mindestens einer erfahrenen Person zu empfehlen ist. Dabei kann zwischen der Sprecherinnen- bzw. Sprecherrolle nach der Hälfte des Trainings, also nach dem Austausch, abgewechselt werden. Ein Team ermöglicht es außerdem, die einzelnen Termine im Sinne einer Intervision noch einmal zu besprechen.

Neben der Erfahrung mit der Führung von Gruppen ist eine grundsätzlich positive Grundeinstellung gegenüber Computerspielen und sozialen Netzwerken hilfreich. Dabei ist es nicht notwendig, dass man diese Anwendungen selbst nutzt oder dass eine ausgeprägte Expertise bezüglich aktueller Spiele oder sozialen Netzwerken vorliegt. Es ist aber hilfreich, wenn zumindest oberflächliches Wissen besteht. Informationen lassen sich leicht im Internet beschaffen. Folgende Internetseiten sind zu empfehlen (Stand 2024):

- www.ins-netz-gehen.info
- www.spieleratgeber-nrw.de (auch als YouTube Kanal)
- www.klicksafe.de

Eine andere Möglichkeit ist es, sich Let's Play-Videos von bekannten Spielerinnen und Spielern anzuschauen oder Gaming-Zeitschriften wie PC Games, GameStar oder Games Aktuell zu lesen. Dabei muss man allerdings auch wissen, dass es kaum Information ohne Interessenkonflikte gibt. Die PC-Zeitschriften berichten im Interesse der Industrie, die genannten Seiten im Sinne der Suchtprävention.

Die Erfahrung zeigt, dass Trainerinnen und Trainer im ISES! Gruppentraining mit einer heterogenen Gruppe von Eltern konfrontiert sind – abgesehen vom Bildungsgrad der Eltern, der in den Gruppen meist recht hoch war (88 % mit Studienabschluss; ▶ Kap. 3). Die Gruppen waren heterogen bezüglich Erziehungsvorstellungen, Familienkonstellationen, Haltungen zum Internet, Expertise zu Computerspielen und sozialen Netzwerken, oder bezüglich dem Schweregrad der Problematik der Kinder. Wir empfehlen den Trainerinnen und Trainern, diese Heterogenität der Gruppe als Ressource zu nutzen und Eltern mit mehr Erfahrung einzubinden, sodass weniger erfahrene Eltern davon profitieren können.

Manche Eltern haben einen hohen Redebedarf, der die zeitlichen Ressourcen im Gruppentraining strapaziert, während andere Eltern zur Beteiligung regelrecht aufgefordert werden müssen. Wir empfehlen den Trainerinnen und Trainern darauf zu achten, dass alle gleichermaßen zu Wort kommen, und ruhigere Teilnehmende ggf. zu Redebeiträgen aufzufordern sowie Eltern mit hohem Redeanteil bei Bedarf zu begrenzen.

2.1.4 Ziele und Inhalte des ISES! Gruppentrainings

Eltern sollen darin gestärkt werden,

1. Einfluss zu nehmen auf die problematische Internetnutzung ihrer Kinder,
2. die Jugendlichen ggf. zu einer eigenen Diagnostik oder Behandlung zu motivieren,
3. den eigenen Stress zu reduzieren und
4. die Eltern-Kind-Beziehung zu stärken.

Diese Ziele werden durch verschiedene thematische Schwerpunkte erreicht, die mit den Eltern gemeinsam in den sechs Einheiten oder im Rahmen von Übungsaufgaben zuhause bearbeitet werden. Das ISES! Gruppentraining beinhaltet folgende thematischen Schwerpunkte:

1. Wissen über Sucht
2. Erziehungsverhalten: Modelllernen & Lernen durch Konsequenzen
3. Kommunikation und Deeskalation
4. Eltern-Kind-Beziehung: Wertschätzung & gemeinsame Zeit
5. Stress und Entspannung für Eltern

Im Folgenden finden Sie einen Überblick darüber, welche thematischen Schwerpunkte in den einzelnen Einheiten mit welchen Zielen verbunden sind. Mehr zu den Zielen finden Sie außerdem bei der detaillierten Beschreibung der einzelnen Einheiten.

Einheit 1: Kennenlernen, Wissen über Sucht, Ziel formulieren

Hier lernen sich die Eltern zunächst gegenseitig, sowie das Training und die Trainerinnen und Trainer kennen. Einheit 1 legt somit den Grundstein für die Beziehung der Beteiligten und ermöglicht einen offenen Austausch im sicheren Rahmen.

In Einheit 1 wird erstes Störungswissen vermittelt. Die Eltern erfahren mehr über die Kriterien einer Sucht, über die Relevanz von Medienzeiten und Einflüsse auf die Entwicklung einer Sucht. Dabei sollen Eltern nicht zu einer diagnostischen Entscheidung kommen, sondern vielmehr für sich beantworten, ob sie aktuell Handlungsbedarf in Bezug auf das Verhalten des Kindes sehen. Eine klare innere Haltung hilft bei den Strategien, die in den folgenden Einheiten vermittelt werden.

Im Rahmen der Übungsaufgabe für zuhause werden Eltern aufgefordert, ein übergeordnetes Ziel (z. B. »Mein Kind soll zu einer Therapie/Beratung/Behandlung motiviert werden«) und kleinere Teilziele zu formulieren. Die Reflexion dessen, was die Eltern eigentlich wollen und welche Teilziele sie dafür erreichen müssen, hilft zum einen, sich zu fokussieren, und außerdem, kleine Erfolge zu feiern.

Einheit 2: Modelllernen & Konsequenzen, Wertschätzung

In Einheit 2 werden zunächst die Ziele in der Gruppe reflektiert, welche die Eltern zuhause erarbeitet haben. Eltern lernen nun voneinander und können ihre eigenen Ziele noch einmal adaptieren.

Im zweiten Teil von Einheit 2 geht es um das Thema Erziehung. Eltern werden auf zwei Lerntheorien hingewiesen: Das Lernen am Modell und das Lernen durch Konsequenzen. Gemeinsam wird mit den Eltern erarbeitet, wie sie ihre Vorbildfunktion bewusst einsetzen können und wie sie durch den Einsatz von Konsequenzen Einfluss auf das Verhalten ihrer Kinder nehmen können. Außerdem wird ein Verständnis dafür geweckt, warum eine Verhaltensveränderung so schwerfällt und auch aufgedeckt, welche Konsequenzen nicht im Handlungsspielraum der Eltern liegen.

Im Rahmen der Übungsaufgabe für zuhause lesen die Eltern mehr über das Thema Wertschätzung. Dabei geht es um Wertschätzung für das, was das Kind gerne mag und gerne macht und auch für die Kompetenzen, die es in dem Zusammenhang zeigt. Die Übung lenkt den Fokus weg vom Negativen zum Positiven. Dieses Thema ist besonders für die Eltern eine Herausforderung, die bereits einen hohen Leidensdruck haben und die Computerspiele oder sozialen Netzwerke ihrer Kinder verteufeln. Die Eltern werden aufgefordert, die bevorzugte Internetanwendung ihres Kindes im Dialog mit ihm kennenzulernen und in Einheit 4 davon der Gruppe zu berichten.

Einheit 3: Kommunikation: Verstehen & verstanden werden

Im ersten Teil von Einheit 3 geht es um die Umsetzung der zuvor erarbeiteten Erziehungsstrategien. Eltern können hier von ihren Erfahrungen berichten und ihre Fragen stellen.

In Einheit 3 beschäftigen sich die Eltern außerdem mit ihrer Kommunikation. Der Schwerpunkt liegt bei Einheit 3 auf der Reduktion von Konflikten und Vermeidung von Missverständnissen. Dafür werden Strategien in Anlehnung an das Kommunikationsmodell von Friedemann Schulz von Thun genutzt. Eltern lernen außerdem den Unterschied zwischen Ich- und Du-Botschaften kennen. So werden mögliche Konfliktsituationen entschärft, bevor sich eine Eskalation entwickeln kann. Die Reduktion von Konflikten schont Ressourcen in der Familie und stärkt die Eltern-Kind-Beziehung.

Im Rahmen der Übungsaufgabe für zuhause lesen die Eltern mehr über nonverbale Kommunikation und differenzieren selbstsichere, unsichere und aggressive Signale.

Einheit 4: Kommunikation: Vier Schritte, damit sich Ihr Kind Ihnen öffnet

Diese Einheit beginnt mit der Reflexion des wertschätzenden Kennenlernens der bevorzugten Internetanwendung des Kindes. Eltern lernen dadurch verschiedene Spiele oder soziale Netzwerke kennen und können sich über Schwierigkeiten der Perspektivenübernahme austauschen und gegenseitig motivieren.

In Einheit 4 liegt der Schwerpunkt außerdem erneut auf der Kommunikation. Strategien in Anlehnung an die Gewaltfreie Kommunikation nach Marshall Rosenberg helfen, dass Eltern ihren Kindern weniger vorwurfsvoll und kritisierend gegenübertreten. Vielmehr sollen Beobachtungen, Gefühle und Bedürfnisse im Vordergrund stehen. Das setzt voraus, dass sich Eltern dieser Aspekte bewusstwerden und sich gegenüber ihrem Kind öffnen. Durch eine Kommunikation, die Konflikte vermeidet und die auf Wertschätzung und der Äußerung von Bedürfnissen beruht, werden verschiedene Zahnräder in Gang gebracht. Zum einen stärkt eine solche Kommunikation die Eltern-Kind-Beziehung. Dies wiederum ist eine Voraussetzung für einen Dialog zwischen Eltern und Kind, in dem Jugendliche auch kritisch über ihre eigene Internetnutzung sprechen können. Ist diese Voraussetzung nicht gegeben und kommunizieren Eltern eher angreifend, werden die Jugendlichen in einer Verteidigungshaltung bleiben und ihr Verhalten auch nicht überdenken, geschweige denn ändern. Des Weiteren lernen die Jugendlichen am Modell der Eltern, über Gefühle und Bedürfnisse zu sprechen.

Einheit 5: Wege aus der Eskalation, Stressbewältigung für Eltern

Einheit 5 beginnt mit der Reflexion der Erfahrungen mit den Kommunikationsstrategien. Eltern können hier über ihre ersten kleinen Erfolge oder auch ihr Scheitern berichten und Anregungen finden, wie sie ihre Kommunikation weiterhin trainieren können.

Der zweite Teil von Einheit 5 dreht sich um das Thema Eskalation und Extremsituationen. Dabei werden heikle und Scham behaftete Themen bearbeitet, beispielsweise körperliche Gewalt, die von Jugendlichen oder von den Eltern ausgeht, oder suizidale Äußerungen. Auch wenn diese Themen nicht alle Eltern betreffen, sollten sie im Training angesprochen werden.

Die Übung für zuhause ist dem elterlichen Stress bzw. den elterlichen Coping-Strategien gewidmet. Nach der Vermittlung von grundlegendem Wissen über Stress und Entspannung folgt die Aufforderung, über die eigene Reduktion von chronischem oder akuten Stress nachzudenken. Mit dieser Übung werden einerseits die Eltern gestärkt, sodass sie langfristig stark und in Konfliktsituationen ruhig und gelassen sein können. Gleichzeitig werden die Eltern motiviert, damit ein wirksames Vorbild für ihre Jugendlichen zu sein, die häufig das Internet nutzen, um Stress und negative Gefühle zu regulieren oder sich davon abzulenken.

Einheit 6: Eltern-Kind-Beziehung stärken, Rückblick & Ausblick

Die letzte Einheit beginnt mit einem Austausch über die Stressreduktion der Eltern. Häufig gibt es Teilnehmende, die sehr aktiv, regelmäßig und nahezu vorbildhaft für Ausgleich sorgen, während andere sich selbst im Alltag nicht ausreichend Priorität geben. Die Eltern können sich hier gegenseitig inspirieren und motivieren.

Im zweiten Teil von Einheit 6 geht es noch einmal ganz explizit um die Eltern-Kind-Beziehung. Dabei stehen nicht nur gemeinsame positive Aktivitäten im Vordergrund, die bekanntermaßen bei Jugendlichen in der Autonomiephase teilweise schwer umzusetzen sind, es geht auch um das Positive im Kleinen und vor allem in schwierigen Situationen.

Der restliche Teil der letzten Einheit ist für offene Fragen reserviert. Die Eltern werden aufgefordert, ihr in Einheit 1 reflektiertes Ziel zu überprüfen und für sich ein Resümee zu ziehen.

2.1.5 Arbeiten mit dem Manual

Zur Durchführung des Trainings benötigen Sie folgende Materialien:

- Dieses Manual mit den Instruktionen zu den einzelnen Einheiten
- Präsentations-Folien & Technik (Laptop, Beamer, Leinwand), siehe Online-Zusatzmaterial
- Handout für die Eltern (Ausdruck), siehe Online-Zusatzmaterial
- Flipchart für manche Einheiten

In ▶ Kap. 2.2 finden Sie eine Beschreibung der Inhalte, die Sie den Eltern mit Hilfe der Präsentations-Folien und dem Handout vermitteln sollen. Eine Tabelle zeigt Ihnen zu Beginn, auf welche Folien sich die Inhalte beziehen, wie viel Zeit Sie für die Inhalte einplanen sollten, welche Ziele verfolgt werden und wo in Kapitel 1 Sie Hintergrundinformationen dazu finden.

Mit einem seitlichen Balken markierte Bereiche geben Ihnen Formulierungsbeispiele zu einzelnen Folien. Hier werden die Inhalte, die auf den Folien zu finden sind, in etwas anderen Worten wiedergegeben. Teilweise finden Sie in den Formulierungsvorschlägen auch weitere Informationen über die Folien hinaus. Fühlen Sie sich durch die Formulierungsvorschläge nicht aufgefordert, den Text genauso vorzulesen oder zu formulieren. Lassen Sie sich gerne Spielraum, um die Inhalte lebhaft und authentisch zu vermitteln.

Die Präsentations-Folien sollten Sie der Gruppe zeigen. Sie strukturieren damit die Trainingseinheiten und vermitteln die Inhalte.

> Das Handout der Eltern gibt die Inhalte der Präsentations-Folien wieder und erweitert die Inhalte durch Texte, die im Rahmen von Übungsaufgaben zuhause gelesen werden sollen. Falls Informationen im Handout vermittelt werden, die über die Inhalte der Einheit hinausgehen, finden Sie in diesem Manual eine Zusammenfassung der Inhalte im umrandeten Kasten. Wir empfehlen Ihnen, das Handout der Eltern dennoch zu kennen.

2.1.6 Gesprächsführung & Zeitmanagement

Als Trainerin oder Trainer werden Sie nicht nur die Aufgabe haben, Ihr Wissen mit den Eltern zu teilen, sondern auch die Einheit zu managen und zu moderieren. Jede Einheit im ISES! Gruppentraining beginnt mit einem themengeleiteten Austausch der Eltern, der in der Regel 45 Minuten dauert. In dieser ersten Phase haben Sie die Funktion der/des Moderierenden. Bei der darauffolgenden Informationsvermittlung wechseln Sie von der Rolle der/des Moderierenden in die Rolle einer/eines Vortragenden bzw. eine Anleiterin/einen Anleiter von Übungen. Beantworten Sie in dieser zweiten Phase Rückfragen ohne weitere Ausschweifungen, damit nicht zu viel Zeit verstreicht. Versuchen Sie die Inhalte, die Sie vermitteln, mit Beispielen in der Gruppe zu verknüpfen (z. B. »Ähnlich wie bei Ihnen, Familie Müller«).

Das Gruppentraining funktioniert dadurch, dass sich Familien in ihren Strukturen und Problemen ähneln, auch wenn die einzelnen Situationen sehr individuell sind. Beispiele, die exemplarisch von einer Familie beschrieben und gemeinsam in der Gruppe bearbeitet werden, stehen für viele andere Familien mit ähnlichen Problemen. Die Aufgabe der Trainerinnen und Trainer besteht darin, das eingebrachte Wissen auf die Problematik einer oder ggf. mehrerer Familien anzuwenden, sodass die arbeitenden Eltern auch stellvertretend für andere aus der Gruppe das Wissen nützlich machen. Es ist nicht nötig, dass bei allen Übungen alle Eltern zu Wort kommen. Vieles geschieht durch Lernen am Modell anderer Teilnehmenden oder auch in der Nachbearbeitung zuhause.

Die Erfahrung zeigt, dass viele Eltern einen hohen Redebedarf haben. Nicht alle finden eine gute Balance zwischen den Bedürfnissen der Gruppe und den eigenen Redebedürfnissen. Begrenzen Sie ausufernde Beiträge mit einem empathisch formulierten Hinweis auf die Zeit und weisen Sie darauf hin, dass in einem Gruppentraining nur bedingt persönliche Situationen besprochen werden können. Wir empfehlen das Gruppentraining pünktlich zu beginnen und auch pünktlich enden zu lassen. Dabei hilft es eine gut sichtbare Uhr im Gruppenraum zu haben.

Wir empfehlen Ihnen außerdem, den Austausch der Eltern untereinander zu fördern. Die Erfahrung zeigt, dass Ideen von anderen Gruppenmitgliedern sehr fruchtbar sind, da sie auch aus einem Familienalltag kommen. Geben Sie beispielsweise eine Frage, die von einem Elternteil an Sie gestellt wurde, in die Runde zurück und fragen Sie nach Ideen. Nicht selten gehen Gespräche der Gruppenmitglieder nach einer Einheit weiter oder die Eltern entscheiden sich nach einem Training, weiterhin in Kontakt zu bleiben und sich gegenseitig auszutauschen.

2.2 Einzelne Einheiten

2.2.1 Einheit 1

Die Eltern erhalten in Einheit 1 einen Eindruck, wie die Trainingseinheiten ablaufen werden und welche Inhalte sie im Training erwarten können (Teil 1: Einführung und Überblick). Eine ausführliche Vorstellungsrunde der Eltern legt den Grundstein für den gegenseitigen Austausch (Teil 2: Vorstellung der Teilnehmenden). Des Weiteren erhalten die Eltern erste Informationen zu den Kriterien und der Entstehung einer Sucht (Teil 3: Wissen über Sucht). Weiteres Lesematerial für zuhause hilft, das Wissen über die Entstehung einer Sucht zu erweitern. Außerdem werden die Eltern in der Übungsaufgabe aufgefordert, ihre Ziele für das Training zu reflektieren (Teil 4: Ziele finden).

Material: In Einheit 1 benötigen Sie neben dem Handout, das Sie an die Eltern verteilen, nur die Präsentations-Folien (kein Flipchart).

Teil 1: Einführung und Überblick

Folien	1–5
Zeitbedarf	15 Minuten
Ziele	Eltern lernen das Training kennen.
Hintergrund-informationen	▶ Kap. 2.1

Folie 1 bis 3

Schaffen Sie in Teil 1 einen guten Einstieg für sich und die Teilnehmenden, indem Sie sich selbst vorstellen und auf wichtige Aspekte für ein gutes Gruppenklima hinweisen.

Formulierungsbeispiel für Folie 4: Das Training im Überblick

Das Training wird sich mit verschiedenen Schwerpunktthemen beschäftigen, die auf Grundlage wissenschaftlicher Erkenntnisse ausgewählt wurden. Eine Sucht von außen zu beeinflussen ist nicht leicht. Die Einflussmöglichkeiten der Eltern sind begrenzt. Dennoch möchten wir Sie motivieren, an den Zahnrädern zu drehen, die in Ihrem Einflussbereich liegen. Wir erwarten, dass sich andere Räder im System mit in Bewegung setzen, die Sie nur so indirekt beeinflussen können, die aber positive Veränderungen geschehen lassen können.

Bei jedem Termin werden wir Zeit für einen Austausch haben. Außerdem werden wir Sie mit Informationen ausstatten und Sie durch Übungsaufgaben für zuhause auffordern, Ihr Wissen zu erweitern und das Gelernte in Ihren Alltag zu übertragen. Alle Inhalte finden Sie in Ihrem Handout.

Folie 5: Das Training im Überblick

Geben Sie im Anschluss einen Überblick über die einzelnen Trainingsinhalte, die auf Folie 5 abgebildet sind.

Teil 2: Vorstellung der Teilnehmenden

Folien	6
Zeitbedarf	45 Minuten
Ziele	Familien lernen sich gegenseitig kennen, bauen Vertrauen in die Gruppe auf und erleben Entlastung durch das Erfahren ähnlicher Situationen.
Hintergrund-informationen	▶ Kap. 2.1

Folie 6: Vorstellungsrunde

Fordern Sie die Elternteile bzw. Elternpaare auf, sich, ihre Familie und die Situation zu beschreiben, die zur Teilnahme am Training geführt hat. Die Fragen auf der Folie dienen nur der Orientierung. Anderen Eltern sollen zu Rückfragen aufgefordert werden, um die Interaktion miteinander zu fördern.

Hinweise: Zu Beginn des Trainings sind viele Eltern erfahrungsgemäß zurückhaltend. Sie können die Teilnehmenden motivieren, sich zu öffnen, indem Sie Fragen stellen und auch die anderen Teilnehmenden auffordern, Fragen zu stellen. Das Zeitmanagement kann je nach Gruppengröße eine Herausforderung sein, weil Eltern manchmal sehr umfassend berichten. Es hilft, ein strenges Zeitmanagement gleich zu Beginn anzukündigen und auf die Einhaltung der Zeit zu achten, damit jede Familie ähnlich viel berichten kann.

Teil 3: Wissen über Sucht

Folien	7–15
Zeitbedarf	30 Minuten
Ziele	Eltern erhalten mehr Klarheit darüber, ob sie das Verhalten ihres Kindes als problematisch bewerten. Sie reduzieren Ambivalenzen und schaffen damit eine Grundlage für ein konsequenteres und vorhersehbareres Verhalten gegenüber dem Kind.
Hintergrundinformationen	▶ Kap. 1.2–1.4

Formulierungsbeispiel für Folie 8: Ist mein Kind süchtig?

Wenn junge Menschen viel Zeit mit Computerspielen oder sozialen Netzwerken verbringen, sind Eltern oft besorgt. Sie fragen sich: Ist das noch normal? Ist mein Kind süchtig? Von einer Sucht würde man gemäß Weltgesundheitsorganisation sprechen, wenn drei Kriterien erfüllt sind:

1. Wenn das Kind nicht mehr selbst kontrollieren kann, wann, wie lange, wie oft oder wo es Computerspiele oder soziale Netzwerke nutzt.
2. Wenn Computerspiele oder soziale Netzwerke immer wichtiger werden als andere Lebensbereiche, zum Beispiel Schule, Familie, Freunde, Hobbys, Körperpflege, Gesundheit.
3. Wenn daraus negative Konsequenzen entstehen, zum Beispiel schulische Leistungen schlechter werden, die Familie belastet wird, Freundschaften zerbrechen, und das Verhalten trotzdem fortgeführt wird.

Diese Situation müsste gemäß den Kriterien kontinuierlich oder wiederholt episodisch über 12 Monate bestehen. Der Zeitraum von 12 Monaten wird angewendet, um nichts als Krankheit zu bezeichnen, was nur kurz und vorübergehend auftritt.

Gemäß Weltgesundheitsorganisation kann aktuell nur die Computerspielsucht diagnostiziert werden. Eine Sucht von sozialen Netzwerken ist keine anerkannte Erkrankung.

Formulierungsbeispiel für Folie 9: Nutzungszeiten

Wie Sie sehen, ist die Zeit, die Jugendliche mit digitalen Medien verbringen, kein Kriterium einer Sucht. Natürlich gehen hohe Nutzungszeiten aber mit süchtigem Verhalten einher. Wer viel Zeit mit Computerspielen oder sozialen Netzwerken verbringt, hat automatisch weniger Zeit für andere Lebensbereiche, was dazu führen kann, dass diese vernachlässigt werden. Wichtiger ist daher nicht die Frage, wie lange jemand online ist, sondern was durch die Internetzeit verdrängt wird.

Gemäß einer regelmäßigen Befragung von Jugendlichen im Alter von 12 bis 19 Jahre in Deutschland waren diese nach eigenen Angaben im Jahr 2024 ca. 3,5 Stunden pro Tag im Internet. Jungen spielten etwa 2 Stunden pro Tag Computerspiele, Mädchen ca. 1 Stunde am Tag. Diese und weitere Informationen können in der JIM-Studie unter www.mpfs.de (Medienpädagogischer Forschungsverbund Südwest) kostenfrei nachgelesen und aktualisiert werden.

Forschungsarbeiten zeigen, dass ein mäßiger Gebrauch von sozialen Netzwerken und Computerspielen mit weniger Problemen einhergehen. Probleme waren in diesen Studien beispielsweise depressive oder aggressive Tendenzen bei Jugendlichen. Ein mäßiger Gebrauch wurde mit 1–2 Stunden pro Tag definiert. Neben den Nutzungszeiten waren auch andere Rahmenbedingungen entscheidend, wie das Spielen von kooperativen statt von kompetitiven Spielen und der Kontakt in sozialen Netzwerken mit Menschen, die man auch im analogen Leben kennt.

Formulierungsbeispiel für Folie 10: Ist mein Kind süchtig?

Ist das eigene Kind nun süchtig oder nicht? Anhand der beschriebenen Kriterien können Eltern zwar eine Idee davon bekommen, wie diese Frage beantwortet werden könnte, sie können sie aber meist nicht abschließend beantworten. Zum einen, weil es einen großen Graubereich zwischen normalem Verhalten und Sucht gibt und eine Einschätzung auch Fachleuten meist schwerfällt. Die subjektive Sicht auf die Situation hat hier großen Einfluss. Zum anderen, weil Eltern eben Eltern sind und keine Fachkräfte. Unabhängig davon kann die Situation zuhause sehr belastend sein und Handlungsbedarf bestehen.

Gerade in der Jugend, in der immer wieder extreme Phasen vorkommen (beispielsweise extrem viel Skateboard fahren, extrem viel Partys feiern), ist es wichtig, gegenüber diesen Phasen eine Weile tolerant zu sein. Ob es sich nur um eine extreme Phase handelt, ist leider im Vorfeld nicht zu beantworten. Die Forschung zeigt, dass bei 25 % der Personen, welche die Kriterien eine Computerspielsucht erfüllen, diese Symptomatik nach gewisser Zeit von selbst verschwindet.

Formulierungsbeispiel für Folie 11: Sehen Sie Handlungsbedarf?

Wichtiger als die Frage, ob das Kind süchtig ist, ist die Frage, ob Sie aktuell Handlungsbedarf sehen oder nicht.

Auch diese Frage kann sehr schwer zu beantworten sein. Ständiges Hadern, ob das Verhalten des eigenen Kindes »normal« oder »problematisch« ist, beansprucht viel Energie und birgt das Risiko einer schwankenden Erziehung. Das wiederum ist ein Risikofaktor, der eine Suchtentwicklung begünstigen kann. Wir empfehlen daher, sich mit dem Partner/der Partnerin oder mit Freunden auszutauschen und sich für den Moment zu entscheiden. Diese Entscheidung kann nach ein paar Wochen hinterfragt werden. In jedem Fall sollte das Kind in die Sorge mit einbezogen werden. Kündigen sich Konsequenzen an, die dem Kind langfristig schaden könnten (z. B. starker Leistungsabfall in der Schule), sollten die Eltern tätig werden.

Formulierungsbeispiel für Folie 12: Wie entsteht ein problematisches Verhalten?

Um zu verstehen, wie problematisches Verhalten entsteht, ist es hilfreich sich einen typischen Teufelskreis anzuschauen.

In diesem Beispiel hat jemand sorgenvolle Gedanken und negative Gefühle. Im Computerspiel ändert sich das schnell. Die Ablenkung verdrängt die Sorge, schlechte Gefühle werden von Erfolg, Spaß und Anerkennung abgelöst. Die Person lernt unbewusst: Das Internet oder das Computerspiel helfen mir. Die Folge ist, dass die Person zukünftig häufiger spielen wird, vor allem, wenn die Stimmung schlecht ist. Lange Spielzeiten können wiederum zu Problemen führen, weil sie andere Dinge wie Schule, Freunde, Hobbys verdrängen. Die Konsequenz ist, dass mehr Sorgen entstehen. Der Teufelskreis schließt sich.

Viele Eltern fragen sich: Wie konnte es so weit kommen? Hätte ich das vorhersehen können? Wer hat etwas falsch gemacht – mein Kind, die Schule, die Gesellschaft, ich selbst?

Dazu sollten Sie wissen:

1. Ein problematisches Internetnutzungsverhalten kann viele Ursachen haben. Das Verhalten der Eltern kann ein Einflussfaktor sein, aber nicht allein eine Sucht hervorrufen.
2. Natürlich machen alle Eltern in der Erziehung Fehler, die Auswirkungen werden aber eher überschätzt. Eine Fehlersuche in der Vergangenheit hilft niemandem, denn die Vergangenheit kann man nicht ändern.
3. Ein zentraler Aspekt bei der Entwicklung einer Sucht ist, dass Menschen im Zusammenhang mit dem Verhalten positive Empfindungen haben, beispielsweise Spaß oder die Befriedigung von Bedürfnissen. Wer keine Belohnung empfindet, wird nicht süchtig.

4. Am Anfang steht die Belohnung im Vordergrund. Je mehr Probleme entstehen, desto unwichtiger wird die Belohnung. Das Internet oder Computerspiel wird dann eher genutzt, um die Probleme zu verdrängen.

Formulierungsbeispiel für Folie 13: Psychische Gesundheit

Häufig tritt eine Internet- oder Computerspielsucht gemeinsam mit anderen psychischen Problemen auf. Meistens sind dies Depressionen, Ängste oder ADHS, teilweise auch Störungen aus dem Autismus-Spektrum. Jugendliche mit Depression haben oft wenig Antrieb und Motivation, das Haus zu verlassen. Soziale Medien oder Computerspiele dienen der Ablenkung und Stimmungsaufhellung – zumindest für einen kurzen Moment. Menschen, die soziale Ängste haben, finden im Internet Kontakt zu anderen, trotz sicherer Distanz. Sie können ein anderes Ich im Internet entwickeln, das ihnen vielleicht besser gefällt als ihr reales Ich. Studien zeigen außerdem, dass Jugendliche mit ADHS ein erhöhtes Risiko haben, eine Internet- oder Computerspielsucht zu entwickeln. Jugendliche mit ADHS sind beispielsweise oft impulsiv, sie testen gerne ihre Grenzen und suchen den Reiz. Diese Jugendlichen finden in Computerspielen oft das, was sie suchen. Ihre schnelle Reaktionsfähigkeit kann außerdem dabei helfen, Erfolg im Spiel zu haben. Teilweise werden Medien als Art »Selbstmedikation« eingesetzt. Bei Menschen mit Symptomen aus dem Autismus-Spektrum ist es schwierig zu unterscheiden, ob die Internetnutzung in einen Rückzug führt oder diesen verstärkt, oder ob die Internetnutzung bei beeinträchtigter sozialer Kompetenz nicht eine große Hilfe und Entlastung sein kann.

Eine problematische Nutzung von Computerspielen oder sozialen Netzwerken kann ein Teil, eine Ursache oder eine Folge einer anderen psychischen Erkrankung sein. Dies sollte bei der Behandlung mitberücksichtigt werden.

Folie 14: Übung für zuhause

Weisen Sie die Eltern auf weitere Informationen zu Entstehungsfaktoren einer Sucht hin, die sie im Handout nachlesen können.

Zusammenfassung der Inhalte im Handout zum Thema: Entstehungsfaktoren einer Sucht

Es wird auf verschiedene Einfluss- bzw. Risikofaktoren verwiesen, die an der Entstehung einer Sucht beteiligt sein können:

- Einflussfaktoren der Person: Jüngeres Lebensalter, wenig Selbstbewusstsein, Schüchternheit, soziale Unsicherheit, geringe Gewissenhaftigkeit (wenig sorgfältig, zielstrebig, diszipliniert und organisiert), Impulsivität und Suchen nach dem »Kick« oder dem Reiz des Neuen, Unzufriedenheit mit der Schule, leichte Reizbarkeit und Sensibilität gegenüber Stress, Einsamkeit, Jungen

tendieren zur Sucht von Computerspielen, Mädchen zur Sucht von sozialen Netzwerken.
- Einflussfaktoren der Familie: Eltern-Kind-Beziehung, Kommunikation in der Familie, Erziehung.
- Bindungsstrategien in sozialen Netzwerken: Likes wirken belohnend, Follower und Flammen führen zu Erwartungsdruck, Algorithmen präsentieren ständig persönlich ausgewählte Inhalte, die Emotionen ansprechen und Interesse wecken, wer offline ist, verpasst etwas.
- Bindungsstrategien in Computerspielen: Glücksspielähnliche Mechanismen lassen jederzeit den nächsten Hauptgewinn vermuten, riesige spannende Welten ziehen in den Bann, das Zeitgefühl geht verloren, investiertes Geld und investierte Zeit sollen sich lohnen, wer offline ist verpasst Chancen oder wird bestraft, Teamplay-Module führt zu sozialen Erwartungen, personalisierbare Spielfiguren fördern die Identifikation.
- Die Nutzung allein führt nicht zur Sucht.

Teil 4: Ziele finden

Folien	15
Zeitbedarf	-
Ziele	Eltern reflektieren, was sie verändern wollen, was in ihrem Handlungsspielraum liegt und auf was sie keinen Einfluss haben. Die Fokussierung auf ein Ziel fördert Fortschritte im Training und ermöglicht ein Bilanzieren am Ende.

Folie 15: 2. Übungen für zuhause

Zusammenfassung der Inhalte im Handout

Eltern erarbeiten im Rahmen der zweiten Übungsaufgabe für zuhause, welche Veränderungen sie sich wünschen. Dabei überprüfen sie, ob ihr Kind dieser Veränderung zustimmen könnte, ob dieses Ziel tatsächlich mit der problematischen Internetnutzung des Kindes zusammenhängt, woran sie erkennen könnten, dass das Ziel erreicht wurde und ob das Ziel in ihrem Einflussbereich liegt. Im zweiten Schritt werden Teilziele auf dem Weg zu diesem Ziel formuliert und eines dieser Teilziele für das ISES! Gruppentraining ausgewählt. In Einheit 2 werden die Ziele der Eltern in der Gruppe reflektiert.

2.2.2 Einheit 2

Die Eltern überprüfen in Einheit 2 zunächst gemeinsam mit der Gruppe und den Trainerinnen und Trainern die Ziele, die sie als Übungsaufgabe zuhause entwickelt haben (Teil 1: Austausch zur Übungsaufgabe »Ziele finden«). Im Anschluss erhalten sie Informationen zu zwei grundlegenden Lerntheorien: Dem Lernen am Modell und dem Lernen durch Konsequenzen (Teil 2: Modelllernen und Konsequenzen). Im Rahmen der Übungsaufgabe werden die Eltern aufgefordert, ihrem Kind mit mehr Interesse und Wertschätzung für die beliebte Internetanwendung gegenüberzutreten, um die Gesprächsbereitschaft des Kindes zu fördern (Teil 3: Wertschätzung für ein »Problem«).

Material: In Einheit 2 benötigen Sie neben den Präsentations-Folien zusätzlich einen Flipchart.

Teil 1: Austausch zur Übungsaufgabe »Ziele finden«

Folien	2
Zeitbedarf	45 Minuten
Ziele	Eltern werden beim Finden realistischer Ziele unterstützt.

Folie 2: Austausch

Eröffnen Sie den Austausch zu diesem Thema durch die Frage: »Welche Ziele und Teilziele konnten Sie bei Ihrer Übungsaufgabe finden?« Möglicherweise werden außerdem Rückfragen zu den Entstehungsbedingungen einer Sucht kommen, welche die Eltern im Handout nachgelesen haben.

Hinweis: Eine wichtige Aufgabe der Trainerinnen und Trainer ist es, unrealistische Zielerwartungen der Eltern zu drosseln und die Ziele zu hinterfragen. Die Ziele sollten möglichst klar formuliert und erreichbar sein. Hierbei können die Reflexionsfragen helfen, welche die Eltern auch im Manual finden:

- Könnte Ihr Kind diesem Ziel zustimmen?
- Hängt dieses Ziel tatsächlich mit der problematischen Internetnutzung des Kindes zusammen? (Z. B.: Würde das Kind »besser in der Schule« werden, wenn es zu einer kontrollierten und gesunden Nutzung des Internets gelangen würde?)
- Woran würden Sie erkennen, dass das Ziel erreicht ist?
- Liegt das Ziel zumindest teilweise in Ihrem Einflussbereich?

Teil 2: Modelllernen und Konsequenzen

Folien	3–12
Zeitbedarf	45 Minuten
Ziele	Eltern reflektieren ihr Vorbildverhalten und setzen dies bewusst als Erziehungsstrategie ein. Sie verstehen die Wirkmechanismen von Konsequenzen und leiten daraus Ideen ab, wie sie Einfluss auf ihr Kind nehmen können. Eltern entwickeln mehr Verständnis dafür, warum die Begrenzung der Internetnutzung ihren Kindern so schwerfällt. Perspektivisch wird dadurch das Internetnutzungsverhalten des Kindes beeinflusst.

2.2 Einzelne Einheiten

| Hintergrund-informationen | ▶ Kap. 1.6 |

Formulierungsbeispiel für Folie 3: Modelllernen und Konsequenzen

In diesem Kapitel möchten wir Sie dazu anregen, über Ihre Erziehungsstrategien, Ihre Haltung gegenüber und Ihren Umgang mit Ihrem Kind und seiner/ihrer Internetnutzung nachzudenken und vielleicht auch das eine oder andere zuhause zu verändern.

Wir möchten Ihnen keinen Grundkurs in Erziehung geben. Wir wissen, dass Sie die Expertin bzw. der Experte für Ihr Kind sind. Einiges werden Sie schon kennen. Dennoch macht es Sinn, bereits bekannte Dinge noch einmal zu hinterfragen.

Erziehung ist außerdem etwas sehr Persönliches und Unterschiedliches, es geht also in der Regel nicht um richtig oder falsch. Es geht vielmehr darum zu überlegen, wie Sie Ihre persönliche Situation zuhause durch Ihr Erziehungsverhalten positiv beeinflussen können.

Formulierungsbeispiel für Folie 4: Lernen am Modell

Wir möchten Ihnen zwei Lerntheorien vorstellen, die hilfreich sein können. Die eine ist das so genannte »Lernen am Modell«, anders gesagt: Ihr Vorbildverhalten. Studien konnten zeigen, dass sich Kinder mehr am Verhalten der Eltern orientieren als daran, was die Eltern zu ihnen sagen. Sprich: Wenn Sie Ihrem Kind erklären, dass der Verzicht auf Bildschirmmedien zugunsten anderer Aktivitäten sinnvoll ist, dann wirkt das nur, wenn Sie es auch selbst vorleben. Sie können mit Ihrem Vorbildverhalten auf Ihr Kind Einfluss nehmen, ohne Regeln aufzustellen oder zu schimpfen. Ihr Vorbildverhalten ist nicht nur wichtig in Bezug auf Ihr eigenes Mediennutzungsverhalten. Auch Ihr Umgang mit Stress und Konflikten, Ihre gelebten Sozialkontakte und Ihr Freizeitverhalten sind einflussreich.

Regen Sie eine kurze Reflexionsrunde an mit den Fragen: »Wie würde Ihr Kind Ihre Internetnutzung beschreiben? Möchten/Sollten Sie etwas verändern?«

Formulierungsbeispiel für Folie 5: Lernen durch Konsequenzen

Eine zweite hilfreiche Erziehungsstrategie im Umgang mit Ihrem Kind und dessen Internetnutzung ist der Einsatz von Konsequenzen. Ein Verhalten hat in der Regel mehrere positive und negative, kurzfristige und mittel- bzw. langfristige Konsequenzen, die gegeneinander abgewogen werden müssen. Dabei werden diese Konsequenzen subjektiv unterschiedlich bewertet, weshalb sich Menschen für unterschiedliches Verhalten entscheiden.

Eine positive Konsequenz kann alles sein, was in der Person ein positives Gefühl auslöst. Das müssen nicht immer materielle Dinge sein. Zuwendung, Aufmerksamkeit, positives Feedback, eine gemeinsame Aktivität oder auch

Wahlfreiheit, beispielsweise welches Abendessen es heute gibt, können positiv erlebt werden. Eine positive Konsequenz ist es auch, wenn etwas Unangenehmes wegfällt, zum Beispiel dass Sie das Abräumen des Tischs für Ihr Kind heute übernehmen, wenn es sonst seine Aufgabe gewesen wäre.

Als kurzfristige Konsequenz wird alles bezeichnet, was unmittelbar ein positives oder negatives Gefühl auslöst. Das können auch Ankündigungen für eine spätere Konsequenz sein, die eine Erwartung auslöst, z. B. am nächsten Wochenende gemeinsam einen neuen Kinofilm anzusehen. Mittelfristige Konsequenzen wären erst nach Stunden spürbar, langfristige Konsequenzen nach Tagen, Wochen oder Jahren. Ein klassisches Beispiel für eine langfristig negative Konsequenz ist der Appell an die Zukunft, wenn jemand ein Verhalten zeigt, das in der Zukunft schaden könnte.

Folie 6: Lernen durch Konsequenzen

Sammeln Sie mit den Eltern am Flipchart Ideen zur Frage: »Welche Konsequenzen hätte es für Ihr Kind – aus seiner Perspektive –, wenn es seine Internetzeit deutlich reduzieren würde?« Zeichnen Sie dazu eine T-Tabelle und platzieren Sie auf der linken Seite die Überschrift »positive Konsequenzen« und auf der rechten Seite die Überschrift »negative Konsequenzen«.

Achten sie darauf, dass in der Tabelle nur die direkten Konsequenzen aus der Reduktion der Internetzeit notiert werden und nicht die Konsequenzen, die möglicherweise entstehen könnten, wenn das Kind die freie Zeit mit Lernen, Sport oder ähnlichem verbringt. Für diese erwünschten Konsequenzen kann eine separate Überschrift erstellt werden (siehe Musterantworten).

Die Eltern haben in ihrem Handout eine leere T-Tabelle, in der sie die Antworten notieren können. Außerdem haben sie auf der Folgeseite im Handout eine Tabelle mit Musterantworten.

Wenn alle Argumente gesammelt sind, überlegen Sie kurz, welche dieser Konsequenzen eher kurzfristig und welche eher mittel- bzw. langfristig sind und markieren Sie diese mit einem »K« für kurzfristig oder einem »M oder L« für mittel- oder langfristig. Wie sich eine Person entscheidet und ob sie eher die eine oder andere Seite im Blick hat, hängt nicht nur von den Anzahl der Argumente ab, sondern auch, wie die einzelnen Konsequenzen bewertet und empfunden werden.

Musterantworten:

Positive Konsequenzen	Negative Konsequenzen
• Weniger Streit mit Eltern (K) • Eltern wären zufriedener (K) • Bessere Beziehung zu den Eltern (L) • Mehr Zeit für andere Aktivitäten (K) ↓ Falls die freie Zeit »gut« genutzt wird:	• Endlose Langeweile (K & L) • Mehr Druck, sich um die Probleme im Leben zu kümmern (K) • Schlechte Stimmung und fehlende Regulations-Strategien (K) • Profi-Karriere wird aufgegeben oder riskiert (M & L)

Positive Konsequenzen	Negative Konsequenzen
• Mehr Zeit für Schule, bessere Schulnoten, bessere Schulabschluss- und Berufschancen, Freude an Schule und Leistungserfolgen (M/L) • Mehr Zeit für Hobbys (z. B. Sport) (M) • Mehr Zeit für Bewegung, Hygiene und Ernährung, bessere Fitness & Gesundheit (M/L) • Mehr Zeit für Schlaf (M) • Mehr Zeit für Offline-Sozialkontakte/ggf. Partnerschaft (L)	• Konflikte mit Online-Freunden/Followern (K) • Etwas aufgeben, das man richtig gut kann und was Spaß macht (L) • Einkommens-Einbußen (Geld, Produkte) (M/L)

Formulierungsbeispiel für Folie 7: Lernen durch positive Konsequenzen

Grundsätzlich sind es oft die kurzfristigen Konsequenzen, die uns antreiben. Kleine Kinder lassen sich zum Beispiel nur von kurzfristigen Konsequenzen lenken. Der Aufschub von einer Belohnung für ein längerfristiges Ziel fällt ihnen besonders schwer. Der Belohnungsaufschub ist auch für Jugendliche und Erwachsene eine große Herausforderung, die viel Selbstkontrolle erfordert.

Was heißt das für Sie als Eltern? Setzen Sie wenn möglich kurzfristig positive Konsequenzen ein, wenn Ihr Kind ein Verhalten zeigt, das Sie gerne häufiger sehen würden. Zum Beispiel:

- Ein aufrichtiges Lob, ein Lächeln, Zeit und Aufmerksamkeit
- Eine gemeinsame Aktivität (z. B. ein Spiel, etwas werkeln, bauen, kochen, Tierheim besuchen)
- Etwas Materielles (z. B. Sammelkarten, gewünschte Kleidung, Geld)
- Etwas zum Genießen (z. B. Lieblingskuchen vom Bäcker, etwas Gekochtes)
- Eine unangenehme Aufgabe fällt weg (z. B. Sie bringen den Müll für das Kind raus, fahren es zur Schule)

Vermeiden Sie dabei Aussagen, die das Lob einschränken, zum Beispiel »Warum nicht gleich so« oder »Es geht ja doch«. Oft reichen kleine positive Konsequenzen. Es muss nicht gleich ein Ausflug zum Freizeitpark unternommen werden. Positive Konsequenzen sind wirksamer als negative Konsequenzen und können die Eltern-Kind-Beziehung positiv beeinflussen.

Hinweis: Viele Eltern tun sich mit dem Finden von positiven Konsequenzen schwer. Vor allem dann, wenn sie den Eindruck haben, dass nur noch Bildschirmmedien vom Kind positiv erlebt werden. Motivieren Sie die Eltern, diese Möglichkeit der Erziehung dennoch zu präferieren, auch wenn es phasenweise schwerfällt.

Formulierungsbeispiel für Folie 8: Lernen durch negative Konsequenzen

Manchmal kann auch der Einsatz von negativen Konsequenzen sinnvoll sein. Allerdings ist immer ein angepasstes Maß und ein direkter und unmittelbarer Zusammenhang zum zu verändernden Verhalten wichtig. Äußern Sie beispielsweise Ihren Unmut, wenn Sie etwas ärgert. Streichen Sie Positives oder schränken Sie Entscheidungsfreiheiten ein, wenn sich Ihr Kind nicht an Absprachen hält. Das kann beispielsweise bedeuten, dass das Internet nachts zukünftig nicht mehr zur Verfügung steht, wenn sich Ihr Kind trotz Absprache wiederholt nicht daran hält, in der Nacht die Bildschirmgeräte auszulassen.

Formulierungsbeispiel für Folie 9: Lernen durch negative Konsequenzen

Lassen Sie milde negative Konsequenzen, die aus dem Verhalten des Kindes entstehen, zu. Anderenfalls unterstützen Sie das unerwünschte Verhalten des Kindes, was auch als »Co-Abhängigkeit« bezeichnet werden kann. Wenn Ihr Kind nicht am gemeinsamen Essen teilnimmt, dann sorgen Sie nicht durch den Einkauf von Tiefkühlware oder das Bringen des Essens an den Computertisch für Ersatz. Lassen Sie es zu, dass Ihr Kind von der Schule getadelt wird, wenn es zu spät oder nicht zur Schule kommt oder keine Hausaufgaben macht. Versuchen Sie aber möglichst das Kind vor langfristig negativen Konsequenzen zu schützen, zum Beispiel einem Schulabbruch.

Kurzfristige Konsequenzen zu bevorzugen, heißt nicht, langfristige Konsequenzen zu ignorieren. Erinnern Sie nach wie vor an die langfristig negativen Konsequenzen, die Sie durch Ihre Lebenserfahrung besser abschätzen können als Ihr Kind. Erwarten Sie allerdings nicht zu viel von diesen Ankündigungen.

Versuchen Sie stets, wenn möglich positive Konsequenzen den negativen vorzuziehen. Negative Konsequenzen nutzen sich ab, die Kinder bekommen ein dickes Fell und Eltern neigen zu immer drastischeren Maßnahmen. Negative Konsequenzen können außerdem die Eltern-Kind-Beziehung beeinträchtigen.

Hinweis: Viele Eltern berichten in dem Zusammenhang, dass das Kind nur durch die Sanktion von Bildschirmzeiten zu irgendwas motiviert werden kann. Mehr zu diesem Thema finden Sie im ▶ Kap. 2.3.

Formulierungsbeispiel für Folie 10: Lernen durch negative Konsequenzen

Viele Eltern berichten, dass ihr Kind nur durch die Sanktion von Internetzeiten zu einem Verhalten motiviert werden kann. Kein Wunder, wenn Internetzeiten eine immer höhere Priorität im Leben des Kindes erreicht haben.

Die Einschränkung von Internetzeiten kann sinnvoll sein, wenn sie direkt mit dem Verhalten des Kindes in Verbindung stehen. Wenn Ihr Kind sich beispielsweise weigert an Familienaktivitäten teilzunehmen, weil es die Internetnutzung bevorzugt, dann kann die negative Konsequenz sein, dass bei der nächsten Familienaktivität das Internet abgestellt wird. Wichtig ist dabei, die abgeschaltete

Internetzeit klar anzukündigen und nicht plötzlich das Internet abzustellen, da sonst ein Konflikt droht.

Vermeiden Sie künstliche und willkürlich wirkende Einschränkungen der Internetzeit. Bestrafen Sie beispielsweise nicht schlechte Schulleistungen mit der Kürzung der Internetzeiten. Ansonsten geben Sie diesem Thema noch mehr Raum, als es ohnehin schon hat.

Hinweis: Im Rahmen der ersten Übungsaufgabe für zuhause finden die Eltern weitere Informationen zur Frage, ob sie Internetzeiten durch Regeln grundsätzlich begrenzen sollen.

Folie 11: Lernen durch Konsequenzen

Wenden Sie sich erneut dem Flipchart zu und überlegen Sie mit den Eltern, auf welche Konsequenzen die Eltern Einfluss haben und auf welche nicht. Überlegen Sie außerdem, welche Konsequenzen die Eltern einsetzen könnten, um das Verhalten des Kindes zu beeinflussen. Dies kann mündlich erarbeitet und muss nicht auf dem Flipchart festgehalten werden. Die Eltern sollen Ideen in ihrem Handout festhalten. Musterantworten finden die Eltern in ihrem Handout.

Positive Konsequenzen	Negative Konsequenzen
• Weniger Streit mit Eltern (K) • Eltern wären zufriedener (K) → Ehrliches Lob durch die Eltern, Belohnung (z. B. Lieblingsessen kochen) • Bessere Beziehung zu den Eltern (L) • Mehr Zeit für andere Aktivitäten (K) ↓ Falls die freie Zeit »gut« genutzt wird: • Mehr Zeit für Schule, bessere Schulnoten, bessere Schulabschluss- und Berufschancen, Freude an Schule und Leistungserfolgen (M/L) → Kinder bei Struktur zuhause unterstützen, Nachhilfe und externe Unterstützungsangebote ermöglichen • Mehr Zeit für Hobbys (z. B. Sport) (M) → Unterstützen (z. B. hinfahren, bezahlen, etwas gemeinsam anbieten) • Mehr Zeit für Bewegung, Hygiene und Ernährung, bessere Fitness & Gesundheit (M/L) → Gesund einkaufen und kochen, Bewegungsangebote machen, informieren, Alltagsbewegung fördern (zur Schule laufen lassen) • Mehr Zeit für Schlaf (M) → Geräte aus Schlafraum entfernen, Wecker zur Ver-	• Endlose Langeweile (K & L) → Attraktive Angebote machen, gutes Vorbild sein in Bezug auf Freizeitbeschäftigung • Mehr Druck, sich um die Probleme im Leben zu kümmern (K) → Helfen bei Strukturierung und Lösung, »gemeinsam schaffen wir das« • Schlechte Stimmung und fehlende Regulations-Strategien (K) → Gesprächsangebote machen, Vorbild sein im Umgang mit Stress und negativen Gefühlen, Ideen einbringen (schlafen, entspannen, lesen, ablenken, malen, Musik) • Profi-Karriere wird aufgegeben oder riskiert (M & L) → Alternativen aufzeigen, Job-Messe, Praktikum vermitteln, Lust an Alternativen fördern • Konflikte mit Online-Freunden/Followern (K) → Kind bei der Vorbereitung der reduzierten Internetzeit unterstützen, z. B. reduzierte Präsenz in Online-Community ankündigen • Etwas aufgeben, das man richtig gut kann und was Spaß macht (L) → Alternativen anbieten, alternative Leistungserfolge ermöglichen (z. B. gemeinsam

Positive Konsequenzen	Negative Konsequenzen
fügung stellen, Aufmerksamkeit bzgl. Schlafstörung • Mehr Zeit für Offline-Sozialkontakte/ggf. Partnerschaft (L) → Befreundete Familie zum Grillen einladen, attraktive Aktivität gemeinsam mit Freunden unterstützen (Freizeitpark)	etwas handwerklich bauen, eine lange Radtour schaffen), loben • Einkommens-Einbußen (Geld, Produkte) (M/L) → Alternativen aufzeigen, anderer Nebenjob, evtl. finanziell ausgleichen

Folie 12: Übung für zuhause

Weisen Sie die Eltern auf die Übung für zuhause hin, bei der die Eltern noch einmal aufgefordert werden, die besprochenen Erziehungsstrategien zu reflektieren. Im Handout finden die Eltern Erläuterungen zu den 10 Tipps, deren Titel Sie in der folgenden Zusammenfassung finden. Außerdem erhalten die Eltern noch einmal Informationen zur Frage, ob die Begrenzung von Internetzeiten als Sanktion sinnvoll ist.

Zusammenfassung der Inhalte im Handout zum Thema: Empfehlungen zum Einsatz von Konsequenzen

1. Seien Sie ein gutes Vorbild.
2. Verlieren Sie keine Zeit.
3. Kündigen Sie Konsequenzen an.
4. Seien Sie konsequent.
5. Nutzen Sie logisch nachvollziehbare Konsequenzen.
6. Vergessen Sie die Belohnung nicht.
7. Nehmen Sie missglückte Konsequenzen zurück.
8. Schenken Sie Ihrem Kind Vertrauen.
9. Einigkeit hilft.
10. Unterstützen Sie die Sucht Ihres Kindes nicht.

Zusammenfassung der Inhalte im Handout zum Thema: Sollen Eltern die Internetzeit der Kinder durch Regeln begrenzen?

Internetzeiten zu begrenzen kann sinnvoll sein, solange dabei nicht die Internetzeit im Gesprächsfokus steht, sondern die Konsequenz, dass dadurch Alternativen (z. B. Aktivitäten mit anderen Personen, Hobbys, Verpflichtungen) verdrängt werden. Internetzeiten sollten unter Berücksichtigung des Entwicklungsstands des Kindes gemeinsam ausgehandelt werden und überprüfbar sein. Das ständige Aushandeln von Zeiten sollte nicht zum Dauerkonflikt werden. Eltern sollten klar und konsistent sein und Ausnahmen gut begründen. Wichtiger als die Zeiten sind die Inhalte und die Gefahren im Internet. Eltern sollten in ihren Regeln klar und vorhersehbar sein. Das Gespräch auf Augenhöhe und inhaltliche Grenzen sind wichtiger als zeitliche Grenzen.

Teil 3: Wertschätzung für ein »Problem«

Folien	13
Zeitbedarf	-
Ziele	Eltern entwickeln mehr Verständnis und Wertschätzung gegenüber dem Verhalten des Kindes. Eine ablehnende Haltung der Eltern wird reduziert, was die Gesprächsbereitschaft der Jugendlichen fördert. Perspektivisch fördert dies einen selbstkritischen Dialog zwischen Eltern und Kind, was dessen Nutzungsverhalten beeinflusst.
Hintergrund-informationen	▶ Kap. 1.1, ▶ Kap. 1.7, ▶ Kap. 1.8

Folie 13: 2. Übungen für zuhause

Besonders heikel ist es, Wertschätzung zu finden für Dinge, die auch mit Problemen zusammenhängen. Zum Beispiel die Internetnutzung des Kindes. Eltern sollen die Inhalte dazu im Handout nachlesen und werden aufgefordert, in einen wertschätzenden Dialog mit ihrem Kind über dessen bevorzugte Internetanwendung zu treten. Für diese Übung haben sie zwei Wochen Zeit.

> **Zusammenfassung der Inhalte im Handout der Eltern zum Thema: Wertschätzung für ein »Problem«**
>
> Es wird vermittelt, dass die Entwicklung einer Sucht kurzfristig positive Konsequenzen erfordert. Außerdem wird thematisiert, dass die Wertschätzung dessen, was die Jugendlichen als positiv empfinden, dabei hilft, in einen offenen und ehrlichen Dialog miteinander zu treten. Eine durchweg ablehnende Haltung der Eltern führt hingegen dazu, dass Jugendliche in eine Verteidigungsrolle geraten und ihr eigenes Verhalten nicht mehr kritisch hinterfragen. Durch eine ablehnende Haltung der Eltern können diese paradoxerweise dazu beitragen, dass die Jugendlichen in ihrem Verhalten verharren. Kurz werden manche Vor- und Nachteile benannt, die bestehen, wenn Jugendliche Profi-Gamer oder Influencer werden wollen.

Hinweis: Manche Eltern stehen besonders Computerspielen sehr ablehnend gegenüber. Lesen Sie mehr dazu in ▶ Kap. 2.3.

2.2.3 Einheit 3

Die Eltern besprechen mit Ihnen in Einheit 3 zunächst die Empfehlungen zum Erziehungsverhalten aus Einheit 2 (Teil 1: Austausch zur Übungsaufgabe »Konsequenzen«). Im Anschluss lernen sie durch das Kommunikationsmodell in Anlehnung an Friedemann Schulz von Thun, wie sie sich klar und unmissverständlich ausdrücken und damit Konflikte reduzieren können (Teil 2: Verstehen und verstanden werden).

Material: In Einheit 3 benötigen Sie nur die Präsentations-Folien (kein Flipchart).

Teil 1: Austausch zur Übungsaufgabe »Konsequenzen«

Folien	2
Zeitbedarf	45 Minuten
Ziele	Die Umsetzung der gelernten Inhalte aus Einheit 2 in die Praxis wird gefördert.
Hintergrundinformationen	▶ Kap. 2.1.4

Folie 2: Austausch

Eröffnen Sie den Austausch zu diesem Thema durch die Frage: »Welche Erfahrungen haben Sie gemacht mit den Empfehlungen für Konsequenzen?«

Möglicherweise wird es auch Rückfragen geben zu den Themen Wertschätzung und Berufswunsch Profi-Gamer und Influencerin, über welche die Eltern im Handout nachgelesen haben. Wenn möglich, dann vertagen Sie dieses Thema auf den Beginn der nächsten Einheit, da es hier thematisch besser passt.

Hier darf es auch zu einem kritischen Austausch kommen. Jedes Elternteil hat unterschiedliche Erziehungsvorstellungen und Ideen, dies gilt es zu respektieren. Die Erfahrung zeigt, dass sich manche Eltern mit der Umsetzung der Inhalte aus Einheit 2 schwertun, während andere Eltern sich leichter tun. Hier können die Gruppenmitglieder voneinander profitieren.

Teil 2: Verstehen und verstanden werden

Folien	3–11
Zeitbedarf	45 Minuten
Ziele	Eltern reduzieren Missverständnisse und Konflikte durch eine ausführlichere Kommunikation. Perspektivisch werden Eskalationen vermieden und die Eltern-Kind-Beziehung gestärkt.
Hintergrundinformationen	▶ Kap. 2.1.4

Einheit 3 beschäftigt sich mit dem ersten Teil der Kommunikationsstrategien. In der folgenden Einheit 4 wird es um den zweiten Teil der Kommunikationsstrategien gehen.

Formulierungsbeispiele für Folie 3:

Im Folgenden möchten wir Ihnen den ersten Teil des Kommunikationstrainings näherbringen. In der nächsten Einheit wird es um weitere Kommunikationsstrategien gehen. Dabei möchten wir die Kompetenzen aller in der Kommunikation respektieren. Hier geht es nicht um »Nachhilfe« im miteinander Reden, sondern um einige Anregungen aus praktisch bewährten Kommunikationstheorien.

Warum ist Kommunikation ein Baustein im ISES! Gruppentraining?

Forschung hat gezeigt, dass in Familien, in denen ein Kind unter einer Internet- oder Computerspielsucht leidet, oft Probleme in der Kommunikation vorliegen. Schwierigkeiten in der Kommunikation können sowohl ein Teil der Ursache als auch Folge des Problems sein. Sie können mit Eskalationen und einer Beeinträchtigung der Beziehungsqualität einhergehen. Das kennen Sie vielleicht aus Ihrem eigenen Alltag?

Kommunikation ist außerdem der Weg, auf dem Sie Ihr Kind erreichen können. Durch eine gelungene Kommunikation können Sie die kritische Reflexion bei Ihrem Kind fördern und ihm damit helfen, sein Verhalten zu verändern.

Im ersten Teil unseres Kommunikationstrainings wird es darum gehen, die Entstehung von Konflikten durch Vermeidung von Missverständnissen zu erreichen.

Formulierungsbeispiele für Folie 4: Wunsch und...

Kommunikation funktioniert häufig nicht wie Briefpost, sondern eher wie stille Post. Was Sie denken, entspricht nicht unbedingt dem, was Sie sagen und erst recht nicht dem, was bei Ihrem Gegenüber verstanden wird. In einem Satz können viele Stolpersteine stecken.

Formulierungsbeispiele für Folie 5: ... Realität

In der Realität wird oft etwas anderes gesagt, als man eigentlich sagen möchte. Hinzu kommt, dass etwas anderes verstanden wird als das, was gesagt wurde. Fast schon ein Wunder, dass sich Menschen in der Regel trotzdem meistens verstehen.

Formulierungsbeispiele für Folie 6: Ein Basissatz zur Kommunikation

»Man kann nicht *nicht* kommunizieren.« Dies ist ein Kernsatz der Kommunikation. Selbst wer nicht spricht, sendet Informationen aus. Unser Gesichtsausdruck heißt so, weil er etwas ausdrückt, also kommuniziert.
Ein Beispiel: Ein Elternteil kommt in das Zimmer seines Kindes, das unaufgeräumt ist. Das Elternteil reißt die Augen auf, schüttelt den Kopf, macht auf dem Absatz kehrt und verlässt das Zimmer, ohne etwas zu sagen.

Was denken Sie, was das Elternteil gesagt hätte, wenn es gesprochen hätte?

Hinweise: In der Elternrunde wird es verschiedene Optionen geben. Mancher denkt vielleicht, dass das Elternteil wütend sein könnte. Ein anderer geht vielleicht davon aus, dass das Elternteil verzweifelt oder traurig sein könnte. Das Fazit soll sein: Wenn ich wenig ausspreche, kommuniziere ich trotzdem, gebe aber viel mehr Spielraum für Interpretation. Das erhöht die Wahrscheinlichkeit, dass ich missverstanden werde.

Formulierungsbeispiel für Folie 7: Ich- und Du-Botschaften

Wenn das Elternteil im gerade erwähnten Beispiel etwas gesagt hätte, dann hätte es eine Ich- oder eine Du-Botschaft senden können. Hätte das Elternteil eine Ich-Botschaft verwendet, dann hätte es etwas über die eigene Wahrnehmung und über das eigene Befinden formuliert. Das Kind hätte Verständnis für das Elternteil zeigen können, oder auch nicht.

Wenn das Elternteil eine Du-Botschaft formuliert hätte, dann hätte es sich vermutlich über die Sorglosigkeit des Kindes beschwert. Das Kind hätte sich davon vermutlich provoziert gefühlt und sich gerechtfertigt oder die Äußerung des Elternteils abgeblockt.

Eine Ich-Botschaft hätte lauten können: Mir ist es hier zu unordentlich und ich wünsche mir mehr Ordnung in deinem Zimmer.

Eine Du-Botschaft hätte lauten können: Wie sieht es denn hier aus? Unglaublich, dass du so ein Chaos veranstalten kannst.

Bei Ich- und Du-Botschaften darf man sich nicht durch die Wörter »Ich« oder »Du« leiten lassen. Es geht mehr darum, ob ich mit der Aussage etwas über mich sage oder etwas über mein Gegenüber sage.

Folie 8: Ich- und Du-Botschaften

Fordern Sie die Eltern nun auf, die Beispiele auf der Folie einzuordnen. Die Auflösung ist:

1. »Du sitzt nur noch in deinem Zimmer und spielst.« → Du-Botschaft
2. »Ich würde mich freuen, wenn wir heute Abend zusammen essen.« → Ich-Botschaft
3. »Du fehlst mir.« → Ich-Botschaft
4. »Ich finde, du musst damit aufhören, den ganzen Tag am Smartphone zu sein!« → Du-Botschaft
5. »Ich mache mir Sorgen um deine schulischen Leistungen.« → Ich-Botschaft
6. »So schaffst du die Schule nicht.« → Du-Botschaft

Folie 9: Kommunikationsbeispiel: Vier Seiten einer Botschaft

Lassen Sie uns nun weitere Aspekte der Kommunikation an einem Beispiel betrachten.

Stellen Sie sich folgende Situation vor: Die 13-jährige Tochter ist am Abend am Handy. In der letzten Woche gab es oft Streit, weil sie das Handy nicht wie vereinbart eine Stunde vor dem Schlafengehen abgeben wollte. Die Mutter hatte einen anstrengenden Tag und ist erschöpft.

Die Mutter sagt genervt: »Hast du mal auf die Uhr geschaut? Gib mir bitte dein Handy.«

Was denken Sie, wie die Tochter auf die Mutter reagieren wird?

Mögliche Antwort von der Tochter: »Komm mal runter! Ich will das noch fertig schauen.«

Formulierungsbeispiel für Folie 10: Vier Seiten einer Botschaft

Wenn wir kommunizieren, dann vermitteln wir – bewusst oder unbewusst – meist vier verschiedene Botschaften.

- Die Sachseite einer Botschaft: Worüber spricht die Person?
- Die Appellseite: Was will die Person vom Gegenüber?
- Die Beziehungsseite: Wie steht die Person zum Gegenüber?
- Die Selbstoffenbarungsseite: Was offenbart die Person über sich?

Wie wir an dem Beispiel sehen können, werden die Teile der Botschaft der Mutter, die sie nicht ausgesprochen hat, von der Tochter interpretiert. Das lässt Spielraum für Missverständnisse. Es wäre also hilfreich gewesen, wenn die Mutter mehr gesagt hätte, wenn sie alle Seiten der Botschaft ausgesprochen hätte.

Was denken Sie, wie hätte sich die Mutter ausdrücken können?

Sammeln Sie die Ideen der Eltern.

Formulierungsbeispiel für Folie 11: Vier Seiten einer Botschaft

Wenn die Mutter alle vier Seiten der Botschaft ausgesprochen hätte, dann hätte das beispielsweise so klingen können:

»Es ist bald 21 Uhr und wir haben vereinbart, dass du dann dein Handy in die Schublade legst (Sachseite). Ich hatte heute einen Höllentag (Selbstoffenbarungsseite), liegt nicht an dir, wenn ich genervt klinge, aber heute könnte ich echt ein bisschen Unterstützung von dir gebrauchen (Beziehungsseite). Bitte gib dein Handy heute pünktlich ab, ohne dass wir streiten (Appellseite).«

Folie 12: Vier Seiten einer Botschaft

Lesen Sie das weitere Beispiel vor.

Folie 13: Vier Seiten einer Botschaft

Fordern Sie die Eltern mit folgender Reflexionsfrage auf, eigene Beispiele zu analysieren. »Denken Sie an einen Konflikt, der vor kurzem stattgefunden hat. Beschreiben Sie, was passiert ist.«

Formulierungsbeispiel für Folie 14: Vier Seiten einer Botschaft

Sprechen Sie in heiklen Situationen möglichst alle vier Botschaften aus. Das Aussprechen aller Botschaften kann helfen, damit Missverständnisse gar nicht erst entstehen. Natürlich ist das nicht in jeder Situation relevant. Wenn die Stimmung aber sowieso schon aufgeheizt ist und jedes Wort oder jede nonverbale Botschaft auf die Goldwaage gelegt wird, dann kann eine solche ausführliche Kommunikation hilfreich sein.

Halten Sie inne, wenn Sie das Gefühl haben, dass Sie gerade missverstanden wurden. Denken Sie kurz darüber nach, ob Ihr Gegenüber etwas gehört haben könnte, das gar nicht so gemeint war. Wiederholen Sie in eigenen Worten, was Sie von der Reaktion verstanden haben und geben Sie Gelegenheit, das Missverständnis zurechtzurücken.

Hinweis: Hier können Beispiele aus der vorherigen Übung aufgegriffen werden. An welcher Stelle der Kommunikation hätte ein Elternteil das Missverständnis entschärfen können?

Folie 15: Übung für zuhause

Zum Abschluss dieser Einheit sollen die Eltern auf die Übung für zuhause hingewiesen werden, die sie beim nächsten Mal mitbringen sollen: Der wertschätzende Dialog mit dem Kind über dessen Lieblingsanwendung.

2.2.4 Einheit 4

Die Eltern berichten zu Beginn von Einheit 4 zunächst von ihren Erfahrungen im Austausch mit dem Kind zu dessen bevorzugter Internetanwendung (Teil 1: Austausch zur Übungsaufgabe »Wertschätzung für ein ›Problem‹«). Im Anschluss lernen Eltern durch Strategien der gewaltfreien Kommunikation in Anlehnung an Marshall Rosenberg, wie sie einen offenen und wertschätzenden Dialog mit ihrem Kind fördern können (Teil 2: Vier Schritte, damit sich Ihr Kind Ihnen öffnet).
Material: In Einheit 4 benötigen Sie nur die Präsentations-Folien (kein Flipchart).

Teil 1: Austausch zur Übungsaufgabe »Wertschätzung für ein ›Problem‹«

Folien	2
Zeitbedarf	45 Minuten

Ziele	Eltern entwickeln erstmals eine wertschätzende Haltung gegenüber der bevorzugten Internetanwendung ihres Kindes oder bauen diese aus. Sie gestalten damit einen Dialog, in dem die Jugendlichen selbstkritisch über ihre Internetnutzung nachdenken können.
Hintergrundinformationen	▶ Kap. 1.1, ▶ Kap. 1.7 und ▶ Kap. 1.8

Folie 2: Austausch

Eröffnen Sie den Austausch der Eltern in Einheit 4 durch folgende Frage: »Welches ist die Lieblingsanwendung Ihres Kindes, was fasziniert Ihr Kind und welche Stärken zeigt es dabei?«

Die Trainerinnen und Trainer sollten folgende Aspekte fokussieren:

- Wie war es für die Eltern, mit ihrem Kind über diese Themen zu sprechen?
- Können sich die Eltern vorstellen, dass ihr Kind nach so einem Gespräch eher offen ist für kritische Rückmeldungen?
- Welche Kompetenzen zeigt das Kind aus Sicht der Eltern im Internet?

Hinweis: Viele Eltern berichten davon, dass es kaum noch Gespräche mit dem Kind gibt und jede Gesprächsmöglichkeit von den Eltern dann dafür genutzt wird, Probleme zu thematisieren. Folglich zieht sich das Kind weiter zurück und vermeidet weitere Gespräche.

Im Rahmen der Übung berichten Eltern auch oft von überraschend positiven und langen Gesprächen. Dies kann Eltern dazu motivieren, auch zukünftig bewusst positive Gespräche zu suchen, in denen Kritik oder Probleme vermieden werden. Wird so die Eltern-Kind-Beziehung gestärkt, wird das Kind auch wieder offener für Gespräche über Probleme.

Manche Eltern schaffen es kaum, ihre negative Haltung gegenüber der Lieblingsanwendung des Kindes zu überwinden. Sie berichten von »brutalen Killerspielen«, denen sie kaum zuschauen können. Die Trainerinnen und Trainer sollten Verständnis zeigen für diese Empfindungen und gleichzeitig die Eltern dazu motivieren, das Spiel aus der Sicht des Kindes zu betrachten.

Möglicherweise wird es auch Rückfragen geben zu den Themen Wertschätzung und Berufswunsch Profi-Gamer/in und Influencer/in, über welche die Eltern im Handout nachgelesen haben.

Teil 2: Vier Schritte, damit sich Ihr Kind Ihnen öffnet

Folien	3–12
Zeitbedarf	45 Minuten

Ziele	Eltern lernen, ihre Gefühle, Bedürfnisse und Wünsche bewusster wahrzunehmen und diese gegenüber den Jugendlichen zu kommunizieren. Damit stärken sie die Eltern-Kind-Beziehung und fördern einen Dialog, in dem die Jugendlichen selbstkritisch über ihre Internetnutzung sprechen können.
Hintergrundinformationen	▶ Kap. 1.7

Formulierungsbeispiele für Folie 3:

Im zweiten Teil des Kommunikationstrainings geht es darum, dass Sie sich Ihrer Gefühle, Bedürfnisse und Wünsche bewusstwerden und diese auch Ihrem Kind gegenüber mitteilen. So gestalten Sie einen offenen Dialog mit Ihrem Kind, in dem es möglich ist, Kritik am eigenen Verhalten zu äußern und eine Verhaltensveränderung anzustoßen. Dafür nutzen wir die Kommunikationsstrategie der gewaltfreien Kommunikation.

Die so genannte gewaltfreie Kommunikation gehört zur gleichnamigen Theorie von Marshall Rosenberg. Dabei unterstellen wir niemandem Gewalt in der Kommunikation.

Außerdem sollten Sie wissen, dass es nicht leicht ist, die eigenen Kommunikationsgewohnheiten zu durchbrechen. Machen Sie heute den Anfang und betrachten Sie das Erlernen der gewaltfreien Kommunikation als Prozess, der einige Jahre dauern kann.

Formulierungsbeispiele für Folie 4:

Menschen sind gemäß der Theorie unter freien Bedingungen grundsätzlich gerne bereit, etwas für Andere zu tun. Freie Bedingungen liegen nicht immer vor. Beispielsweise wenn eine Sucht besteht. Seien Sie daher nicht enttäuscht, wenn Ihre Bemühungen mit der gewaltfreien Kommunikation nicht gleich und nicht immer Früchte tragen und probieren Sie es weiter.

Die Kontaktaufnahme ist entscheidend. Fühlt sich Ihr Gegenüber angegriffen oder kritisiert, reagiert es mit Verteidigung.

Nutzen Sie die gewaltfreie Kommunikation zunächst in Situationen, in denen Sie geplant mit einem Anliegen auf Ihr Kind zugehen wollen. Der spontane Gebrauch der Strategie im Alltag erfordert viel Übung. Sie können Ihr Anliegen zur Übung auch schriftlich vorbereiten.

Formulierungsbeispiele für Folie 5:

Hier sehen Sie die vier Schritte der gewaltfreien Kommunikation. Man kann sie in zwei Sätzen zusammenfügen: »Wenn ich A sehe, dann fühle ich B, weil ich C brauche. Deshalb bitte ich dich um D.«

Bei der Beschreibung der Situation geht es darum, eine Situation zu beschreiben, die man beobachtet. Dabei sollte man möglichst bei sich bleiben und eine Ich-Botschaft senden. Sprechen Sie also über sich selbst, über Ihre persönliche Beobachtung, ganz wertfrei und beschreibend.

Beim zweiten Schritt geht es darum, die Gefühle zu benennen, die Sie empfinden, wenn Sie das beobachten. Oft sind es auch mehrere Gefühle, die sich mischen.

Beim dritten Schritt sollen Sie Ihre Bedürfnisse oder Wünsche benennen. Damit erklären Sie, wie Ihre Gefühle zustanden kommen. Sie öffnen sich Ihrem Gegenüber und sind damit in gewisser Weise auch verletzbar. Ihr Gegenüber hat die Möglichkeit zu verstehen, warum es Ihnen aktuell so geht.

Im vierten Schritt sind Sie aufgefordert, ganz konkret zu benennen, was Sie nun gerne von Ihrem Gegenüber hätten. Am besten sagen Sie, was Sie wollen und nicht, was Sie nicht wollen.

Lassen Sie uns nun gemeinsam an einem Beispiel erarbeiten, wie diese Form der Kommunikation aussehen kann.

Folie 6 bis 10: Vier Schritte, damit sich Ihr Kind Ihnen öffnet...

Suchen Sie ein Beispiel in der Gruppe und bearbeiten Sie die vier Schritte gemeinsam. Achten Sie bei der Auswahl des Beispiels darauf, dass es sich um ein Problem handelt, das Eltern gerne mit ihrem Kind im Gespräch lösen möchten. Es sollte möglich sein, eine Gesprächssituation mit dem Kind zu schaffen. Außerdem sollte es sich um ein Problem handeln, das für die Eltern Bedeutung hat. Bearbeiten Sie dann die vier Schritte mit den vier folgenden Folien und berücksichtigen Sie die jeweiligen Hinweise auf den Folien.

Hinweis: Hier finden Sie als Trainer drei Beispiele zur Orientierung.

Beispiel: Mit dem Kind wurde vereinbart, dass das Handy ab 22 Uhr in die Küche gelegt wird, das Handy ist um 22:30 Uhr aber immer noch im Zimmer.

1. Meiner Erinnerung nach war das Fazit aus unserem letzten Gespräch, dass von Sonntag bis Montag dein Handy ab 22 Uhr in der Küche liegen soll. Jetzt ist 22:30 Uhr und das Handy ist noch bei dir im Zimmer.
2. Ich ärgere mich.
3. Ich möchte dir gerne vertrauen.
4. Bitte lege deshalb jetzt das Handy in die Küche.

Beispiel: Es gab einen Streit am Vortag, bei dem das Kind aggressiv gegenüber den Eltern wurde.

1. Bei unserem Streit gestern hatte ich den Eindruck, dass du sehr wütend warst.
2. Ich habe mich bedroht gefühlt und hatte Angst. Ehrlich gesagt war ich ziemlich schockiert und traurig nach unserem Gespräch.
3. Ich frage mich, wie es so weit kommen konnte und wünsche mir, dass wir respektvoll miteinander umgehen.

4. Lass uns das Gespräch beim nächsten Mal vertagen, wenn die Emotionen so hochkochen, bevor es laut wird.

Beispiel: Eltern und Kind sprechen kaum noch miteinander.

1. Wir sprechen kaum noch miteinander.
2. Das macht mich sehr traurig.
3. Ich vermisse dich und wünsche mir mehr Kontakt zu dir.
4. Hättest du Lust, mal wieder etwas mit mir zu unternehmen?

Folie 11: Übung

Fordern Sie die Eltern nun auf, (weitere) eigene Beispiele zu finden und diese gemäß der gewaltfreien Kommunikation umzuformulieren. Geben Sie den Eltern hierfür 5–10 Minuten Zeit und lassen Sie die Beispiele möglichst vorlesen. Sie und die Elterngruppe können die Ausarbeitung optimieren.

Folie 12: Übungen für zuhause

Die Eltern sollen die vier Schritte zuhause anwenden und beim nächsten Mal von ihren Erfahrungen berichten. Außerdem sollen sie die Inhalte zur nonverbalen Kommunikation, oder auch »Wie spreche ich ohne Worte?«, im Handout nachlesen (siehe nachfolgender Kasten). Falls Sie das Training im empfohlenen Rhythmus durchführen, folgt nun eine Pause von zwei Wochen, sodass die Eltern mehr Zeit zum Üben haben.

> **Zusammenfassung der Inhalte im Handout zum Thema: Wie spreche ich eigentlich ohne Worte?**
>
> Da die Eltern sich in Einheit 3 und 4 viel mit dem Inhalt von gesprochener Sprache beschäftigt haben, reflektieren sie nun die nonverbale Kommunikation. Dabei werden drei Formen der nonverbalen Kommunikation unterschieden:
>
> 1. Die selbstsichere Kommunikation (deutliche, ruhige Stimme; aufrechte Körperhaltung),
> 2. die unsichere Kommunikation (zittrige Stimme, klein machen),
> 3. die aggressive Kommunikation (schreien, drohen).
>
> Es wird thematisiert, dass die Gefühlslage Einfluss hat auf die nonverbale Kommunikation, dass es aber auch umgekehrt sein kann. Empfohlen wird die selbstsichere Kommunikation.

2.2.5 Einheit 5

Die Eltern berichten zu Beginn von Einheit 4 zunächst von ihren Erfahrungen mit den Kommunikationsstrategien (Teil 1: Austausch zur Übungsaufgabe »Vier Schritte, damit sich Ihr Kind Ihnen öffnet«). Im Anschluss reflektieren die Eltern typische Eskalationsspiralen und erarbeiten Ideen, um aus diesen auszusteigen (Teil 2: Wege aus der Eskalation). Dabei werden aggressive Eskalationen und suizidale Äußerungen thematisiert. Im Rahmen der Übungsaufgabe für zuhause beschäftigen sich die Eltern mit den Themen Stress und Entspannung und berichten beim nächsten Mal von ihren Strategien (Teil 3: Stress und Entspannung).

Material: In Einheit 5 benötigen Sie neben den Präsentations-Folien zusätzlich einen Flipchart.

Teil 1: Austausch zur Übungsaufgabe »Vier Schritte, damit sich Ihr Kind Ihnen öffnet«

Folien	2
Zeitbedarf	45 Minuten
Ziele	Eltern reflektieren die Umsetzung des Gelernten in den Alltag und erhalten Tipps bei Schwierigkeiten.
Hintergrundinformationen	▶ Kap. 1.7

Folie 2: Austausch

Eröffnen Sie den Austausch der Eltern in Einheit 5 durch folgende Frage: »Welche Erfahrungen haben Sie mit den Kommunikationsstrategien gemacht?« Möglicherweise werden außerdem Rückfragen zum Thema nonverbale Kommunikation kommen, das die Eltern im Handout nachgelesen haben.

Hinweis: Oft berichten die Eltern von Situationen, bei denen die Kontaktaufnahme nicht funktioniert hat, obwohl sie sich um eine gewaltfreie Kommunikation bemüht haben. Diese Beispiele sollen detailliert im Plenum analysiert werden. Gibt es neue Impulse für die Eltern, sodass sie einen erneuten Versuch starten? Muss vielleicht eine Ich-Botschaft korrigiert werden, hinter der sich eine wertende und angreifende Du-Botschaft verbirgt? Oder haben die Eltern vermeidlich alles »richtig« gemacht und sind trotzdem abgeblockt worden? Im letzteren Fall sollten die Eltern bestärkt und entlastet werden – für eine gelungene Kommunikation gehören schlussendlich immer zwei. Gleichzeitig sollten die Eltern motiviert werden, deshalb nicht aufzugeben, sondern weitere Kommunikationsversuche zu unternehmen. Es braucht Zeit, bis sich typische Kommunikationsmuster in einer Familie verändern können.

Teil 2: Wege aus der Eskalation

Folien	3–11
Zeitbedarf	45 Minuten
Ziele	Eltern besprechen bisherige Konflikte und Eskalationen und erkennen verschiedene Ausstiegsmöglichkeiten. Dabei wird auf das bisher gelernte aus den Einheiten 1 bis 4 zurückgegriffen. Eltern lernen in Extremsituationen wie Aggressivität oder Suizidalität ruhig und souverän zu handeln.
Hintergrundinformationen	▶ Kap. 1.5–1.8

Formulierungsbeispiel für Folie 3: Wege aus der Eskalation

Jugendliche und junge Erwachsene zeigen manchmal ein Ausmaß an Aggression, das man von ihnen bis dahin nicht kannte: Sie beschimpfen und beleidigen, werfen mit Gegenständen, werden sogar körperlich aggressiv oder drohen damit, sich etwas anzutun. Nicht selten kommen solche Eskalationen vor, wenn Internetzeiten oder Geräte von den Eltern eingeschränkt werden.

Sie als Eltern sind von solchem Verhalten womöglich schockiert und überfordert und wissen nicht, wie Sie richtig reagieren sollen. Vielleicht fällt es Ihnen selbst schwer, nicht die Kontrolle zu verlieren. Dieses Modul soll Ihnen dabei helfen, mit diesen extremen Situationen umzugehen.

Hat jemand in der Runde einmal solche Erfahrungen gemacht?

Formulierungsbeispiel für Folie 4: Die Eskalationsspirale

Aggressives Verhalten tritt oft im Rahmen einer Eskalation auf, die sich Schritt für Schritt hochschaukelt. Die Situation kann mit einer einfachen Frage beginnen und sich bis zur körperlichen Auseinandersetzung hin entwickeln. Mit aggressivem Verhalten meinen wir nicht nur körperliche Gewalt (z. B. Schlagen, Schubsen, Dinge zerstören), sondern auch verbale Gewalt (Beleidigung, Schreien).

Folie 4 und 5: Die Eskalationsspirale

Stellen Sie im Anschluss die Beispiele der Eskalationsspiralen auf Folie 4 und Folie 5 vor.

Folie 6: Ihr Beispiel

Fordern Sie die Eltern nun auf, eigene Erfahrungen zu Eskalationen zu notieren. Die Eltern haben dafür eine Tabelle im Handout, die aus zwei Spalten besteht. In der linken Spalte können Eltern ihr Verhalten notieren, in der rechten Spalte das Verhalten des Kindes.

Geben Sie einigen Eltern exemplarisch die Möglichkeit, ihre Erfahrungen zu Eskalationen zu schildern.

Hinweis: Manche Eltern berichten von körperlicher Gewalt durch ihr Kind oder durch sie selbst im Rahmen einer solchen Eskalation. Lesen Sie mehr zu diesem Thema in ▶ Kap. 2.3.

Folie 7: Ihr Beispiel

Überlegen Sie nun mit den Eltern, an welchen Stellen die Beteiligten aus der Eskalationsspirale aussteigen könnten. Sammeln Sie diese Informationen am Flipchart. Die Eltern haben im Handout Platz für eigene Notizen. Verschiedene Möglichkeiten werden auf der folgenden Folie dargestellt.

Formulierungsbeispiel für Folie 8: Wege aus der Eskalationsspirale

An einer Eskalation sind mehrere Personen beteiligt. Sie können allerdings nur ihr eigenes Verhalten verändern und versuchen, damit Einfluss auf Ihr Gegenüber und die Situation zu nehmen. Welche Möglichkeiten können Sie nutzen, damit die Situation nicht eskaliert?

Zuallererst können Sie hinterfragen, ob die Situation gerade geeignet ist, um mit Ihrem Anliegen auf Ihr Kind zuzugehen. Liegt bereits Spannung in der Luft? Fühlen Sie sich selbst angespannt oder belastet? Dann verschieben Sie das Gespräch lieber auf später.

Hinweis: Sie sollten den Eltern vermitteln, dass sie nicht um jeden Preis einen Machtkampf mit ihren Kindern austragen sollten. In der Eskalation sind wir Menschen voller Adrenalin und im Kampfmodus. In solch einem Ausnahmezustand lernt man nichts Neues, man reagiert nur noch. Die Emotion bestimmt unser Handeln und nicht der Kopf. Daher sagen wir in solchen Situationen oft Dinge oder tun Dinge, die wir später bereuen. Ziel ist eine ruhige und klare Gesprächsführung ohne Eskalation.

Formulierungsbeispiel für Folie 9: Wege aus der Eskalationsspirale

Nutzen Sie die Strategien, die Sie in Einheit 3 und 4 zur Kommunikation gelernt haben. Überprüfen Sie die vier Seiten einer Botschaft, wenn Sie den Eindruck haben, missverstanden worden zu sein. Setzen Sie die vier Schritte der gewaltfreien Kommunikation ein, um Ihr Anliegen zu formulieren.

Versuchen Sie ruhig und sachlich zu bleiben, halten Sie bei Bedarf inne und atmen Sie tief durch. Damit dies häufiger gelingt, braucht es eine gute Grundlage. Daher geht es in der Übungsaufgabe für zuhause, die wir später vorstellen werden, um Stressreduktion und Selbstfürsorge.

Formulierungsbeispiel für Folie 10: Wege aus der Eskalationsspirale

Setzen Sie keine mächtigen Konsequenzen ein. Planen Sie in Ruhe positive und natürliche Konsequenzen und greifen Sie auf das zurück, was Sie in Einheit 2 über Erziehungsstrategien gelernt haben.

Treten Sie außerdem rechtzeitig den Rückzug an. Kündigen Sie an, dass Sie das Gespräch zu einem anderen Zeitpunkt fortsetzen möchten, wenn sich die Gemüter beruhigt haben. Holen Sie sich dafür das Einverständnis von Ihrem Gesprächspartner. Das bedeutet nicht, dass Sie aufgeben. Es geht nicht um »gewinnen« oder »verlieren«. Sie sorgen lediglich dafür, dass die Situation unter Kontrolle bleibt. Suchen Sie zu einem späteren Zeitpunkt das Gespräch – auch, wenn es unangenehm ist.

Folie 11 und 12: Wege aus der Eskalationsspirale

Stellen Sie nun die Beispiele der Wege aus der Eskalationsspiralen auf Folie 11 und Folie 12 vor.

Formulierungsbeispiel für Folie 13: Wege aus der Eskalationsspirale

Manchmal bemerkt man erst, dass man sich in einer Eskalationsspirale befindet, wenn es bereits eskaliert ist. Beenden Sie in diesem Fall die Eskalation, indem Sie beispielsweise den Raum verlassen und dies auch ankündigen. Lassen Sie sich nicht auf körperliche Auseinandersetzungen ein. Schützen Sie sich und andere und rufen Sie bei Bedarf Hilfe. Wenn Sie sich ernsthaft bedroht fühlen, können Sie auch die Polizei zur Hilfe rufen.

Wichtig ist ein klärendes Gespräch zu einem späteren Zeitpunkt, wenn sich die Gemüter beruhigt haben. Auch wenn Sie die Situation am liebsten gar nicht mehr erwähnen wollen, weil sie mit negativen Gefühlen verbunden ist und die Angst besteht, dass es erneut eskaliert, lohnt sich der Mut langfristig. Sie können während der Eskalation selbst Fehler einräumen und damit ein gutes Vorbild sein.

Versuchen Sie, die Situationen so zu gestalten, dass nicht einer gewinnt, wenn der andere zugleich verliert, sondern dass beide Parteien gewinnen. Beide Parteien gewinnen ein bisschen, verlieren ein bisschen und haben ein bisschen Recht.

Formulierungsbeispiel für Folie 14: Wege aus der Eskalationsspirale

In Eskalationen bestimmen manchmal die Emotionen unser Handeln, was dazu führen kann, dass wir Dinge tun, die wir später bereuen. Körperliche Gewalt gegenüber Ihrem Kind ist allerdings ein Tabu, das Sie nicht brechen sollten. Es ist Ihre Verantwortung, die Eskalationsspirale vorher zu beenden. Wenn Ihr Kind körperliche Gewalt erfährt, dann lernt es nur, dass es sich dem Stärkeren unterwerfen muss. Das schädigt den Selbstwert eines Menschen nachhaltig. Außerdem: Was sollte geschlagene Kinder davon abhalten zurückzuschlagen, wenn sie stark genug sind und Gewalt Teil der familiären Streitkultur ist?

Holen Sie sich Hilfe, wenn Sie bemerken, dass Ihnen der Ausstieg aus der Eskalationsspirale nicht gelingt und Sie körperlich aggressiv gegenüber Ihrem Kind werden. In Kinderschutz-Zentren können Sie anonym persönliche Tipps bekommen, ohne verurteilt zu werden.

Formulierungsbeispiel für Folie 15: Umgang mit suizidalen Äußerungen

»Wenn ihr mir den Computer/das Handy wegnehmt, kann ich mich auch gleich umbringen!« So oder ähnlich lautende Sätze können in extremen Streitsituationen ausgesprochen werden. Selbstverständlich löst es bei Eltern große Angst und Verunsicherung aus, wenn das eigene Kind Suizidabsichten äußert.

Manchmal setzen Kinder und Jugendliche, die von einer Internet- oder Computerspielsucht betroffen sind, Suizidandrohungen ein, um bei ihren Eltern etwas durchzusetzen oder eine Reaktion hervorzurufen.

Aber genauso gut kann es sein, dass Ihr Kind ernsthaft den Wunsch zu sterben ausspricht. Eltern müssen in dieser Situation entscheiden, wie sie die Äußerung einschätzen. Ein Gespräch mit einer Ärztin/einem Arzt oder einer Psychotherapeutin/einem Psychotherapeuten kann hilfreich sein, die Äußerung einzuordnen.

Haben Sie bereits Erfahrungen mit solchen Situationen gemacht?

Bleiben Sie ruhig und Ihrem Kind zugewandt. Sprechen Sie über seine Äußerung und hören Sie aufmerksam zu. Wenn Ihr Kind nicht spricht, bleiben Sie bei ihm. Holen Sie sich Rat und Unterstützung bei Ihrem Haus- oder Kinderarzt. Wenn Gefahr im Verzug ist, rufen Sie den Rettungsdienst unter 112.

Teil 3: Stress und Entspannung

Folien	16
Zeitbedarf	-
Ziele	Eltern reflektieren ihr aktuelles Stressempfinden. Sie überprüfen ihre bisherigen Strategien gegen Stress und verbessern diese ggf. Perspektivisch schaffen sie es damit, in Eskalationen Ruhe zu bewahren und sind gute Vorbilder hinsichtlich Emotionsregulation und aktiver Freizeitgestaltung.
Hintergrundinformationen	▶ Kap. 1.5

Folie 16: Übung für zuhause

Im Rahmen dieser Übung sollen die Eltern die Informationen im Handout zu Stress und Entspannung lesen und beim nächsten Mal davon berichten.

> **Zusammenfassung der Inhalte im Handout zum Thema: Stress und Entspannung**
>
> Vermittelt wird, dass Stress individuell ist, dass sich Überlastung bei Menschen unterschiedlich äußert, dass Eltern in ihrer Stressbewältigung Vorbild für ihr Kind sind, dass sie akute Strategien für akute Belastungen, aber auch langfristige Strategien für chronische Belastungen benötigen. Mit einem Selbsttest können Eltern ihr Stresslevel überprüfen. Gegen akuten Stress wird Eltern empfohlen, im Inneren einen »Schritt zur Seite« zu treten, »Stopp« zu sagen, zu zählen und tief zu atmen. Es wird eine Anleitung zum tiefen Atmen gegeben. Die Eltern erhalten als Maßnahme gegen chronischen Stress die Empfehlungen, aktiv gegen den Stress vorzugehen, sich selbst wichtig zu nehmen, verbindlich und regelmäßig für Ausgleich zu sorgen, Vorbereitungen zu treffen, realistisch zu planen und »Irgendwann« durch »Jetzt« zu ersetzen. Eine Liste mit möglichen aktiven Stressbewältigungsstrategien hilft, Ideen zu finden (sportliche Aktivität, etwas Handfestes, soziale Aktivität, Natur, Entspannung, Musisches).

2.2.6 Einheit 6

Die Eltern berichten zu Beginn von Einheit 6 zunächst von ihren eigenen Strategien gegen chronischen und akuten Stress (Teil 1: Austausch zur Übungsaufgabe »Stress und Entspannung«). Im Anschluss erarbeiten sie Ideen, wie sie die Eltern-Kind-Beziehung weiter stärken können (Teil 2: Eltern-Kind-Beziehung stärken). Im letzten Teil des Trainings gibt es noch einmal Raum für offene Fragen, eine Reflexion des Trainings und der in Einheit 1 formulierten Ziele, und einen Ausblick, was die Eltern nun planen (Teil 3: Rückblick und Ausblick).
  Material: In Einheit 6 benötigen Sie nur die Präsentations-Folien (kein Flipchart).

Teil 1: Austausch zur Übungsaufgabe »Stress und Entspannung«

Folien	2
Zeitbedarf	30 Minuten
Ziele	Eltern motivieren sich gegenseitig aktive Stressbewältigung zu betreiben.
Hintergrund-informationen	▶ Kap. 1.5

Folie 2: Austausch

Eröffnen Sie den Austausch der Eltern in Einheit 6 durch folgende Fragen: »Welche Strategien haben Sie gegen akuten und chronischen Stress? Was nehmen Sie sich heute konkret vor?«

Ergänzen Sie im Austausch mit den Eltern folgende Informationen:

- Eltern sind durch die Situation mit einem vermeintlich süchtigen Kind in der Regel sehr belastet.
- Aber nur wer gut auf sich achtgibt und sich bei Bedarf abgrenzt, kann auch anderen Hilfe leisten.
- In Konflikten oder Eskalationsspiralen Ruhe zu bewahren, gelingt nur, wenn man ausgeglichen ist.
- Kinder lernen unter anderem von den Eltern, wie man mit Stress gut umgehen kann. Wer wirksame Alternativen hat, braucht weniger das Internet zur Stressregulation.
- Eltern können ihrem Kind über ihr Vorbildverhalten zeigen, dass eine vielseitige und aktive Freizeitgestaltung das Leben bereichern kann.

Hinweis: Die Erfahrung zeigt, dass manche Eltern bereits gut auf ihre Ressourcen achten und in ihrer Freizeit sehr aktiv sind, während andere Eltern die Selbstfürsorge sehr vernachlässigen. Die Eltern sollen sich möglichst inspirieren und motivieren und sich nicht im Wettkampf übertrumpfen. Achten Sie beim Austausch daher darauf, dass die Eltern, die diesen Bereich bisher vernachlässigt haben, auch zu Wort kommen und motiviert werden, ihrer Selbstfürsorge zukünftig mehr Raum und Beachtung zu schenken.

Eine weitere Erfahrung zeigt, dass manche Eltern klagen, dass in ihrem Alltag keine Zeit für Selbstfürsorge bleibt. Häufig sind es andere Eltern in der Runde, die einerseits Verständnis äußern und gleichzeitig motivieren, sich selbst und den eigenen Ressourcen eine höhere Priorität zu schenken.

Teil 2: Eltern-Kind-Beziehung stärken

Folien	3–7
Zeitbedarf	30 Minuten
Ziele	Eltern werden motiviert, die Eltern-Kind-Beziehung aktiv zu pflegen, indem sie ihren Jugendlichen Aktivitäten anbieten. Sie suchen das Positive im Alltag, das durch Probleme oft aus dem Blick gerät, und bewahren damit den positiven Blick auf das Kind. Eine positive Eltern-Kind-Beziehung ist perspektivisch ein protektiver Faktor, der positiv Einfluss nehmen kann auf das Internetnutzungsverhalten der Jugendlichen.
Hintergrundinformationen	▶ Kap. 1.8

Formulierungsbeispiel für Folie 3: Eltern-Kind-Beziehung stärken

Sie haben im Laufe des Trainings schon viel unternommen, um Ihre Eltern-Kind-Beziehung zu stärken. Dazu gehört nämlich auch, sich im Gespräch mit Wertschätzung zu begegnen und im Konflikt respektvoll zu bleiben. Heute soll es noch einmal um die Eltern-Kind-Beziehung gehen und um Ideen, wie diese im Alltag gestärkt werden kann.

Formulierungsbeispiel für Folie 4: Eltern-Kind-Beziehung stärken

Warum ist dieses Thema so wichtig? Studien zeigen, dass eine beeinträchtigte Eltern-Kind-Beziehung einer der wichtigsten familiären Risikofaktoren für die Entwicklung einer Sucht ist. Gleichzeitig zeigen Forschungsarbeiten, dass die Eltern-Kind-Beziehung durch eine Sucht beeinträchtigt werden kann. Ein Teufelskreis kann entstehen.

In Krisenzeiten hat man außerdem eine graue Brille auf. Sorgen um das eigene Kind nehmen viel Raum ein, sodass Positives übersehen wird. Jede Gesprächsgelegenheit mit dem Kind wird dafür genutzt, Probleme zu besprechen. Die Folge: Das Kind zieht sich zurück.

Gibt es wenig positive Aufmerksamkeit, dann suchen Kinder manchmal Aufmerksamkeit durch unerwünschtes Verhalten.

Wie können Sie als Eltern Einfluss nehmen? Versuchen Sie positive Zeit zu fördern und lassen Sie uns gleich ein paar gemeinsame Ideen sammeln. Positive Erlebnisse schweißen zusammen und ermöglichen, dass positive Gefühle miteinander geteilt werden. Aufmerksamkeit für Positives und Angebote für gemeinsam verbrachte Zeit zeigen Ihrem Kind außerdem, dass Sie auch in Krisenzeiten zu ihm stehen. Die Wahrscheinlichkeit, dass Ihr Kind durch unerwünschtes Verhalten Aufmerksamkeit auf sich lenkt, reduziert sich.

Folie 5: Austausch: Eltern-Kind-Beziehung stärken

Eröffnen Sie den Austausch durch folgende Fragen: Welche Ideen haben Sie für gemeinsam verbrachte positive Zeit mit Ihrem Kind? Wie stärken Sie Ihre Eltern-Kind-Beziehung?

Weisen Sie die Eltern auf die Liste mit Ideen zur Freizeitgestaltung mit dem Kind hin, welche sie im Handout finden.

Hinweis: Die Erfahrung zeigt, dass die Eltern von diesem Austausch vor allem dann profitieren, wenn sie in der gleichen Region wohnen, da sie sich über ganz konkrete und altersangemessene Angebote vor Ort informieren können.

Formulierungsbeispiel für Folie 6: Eltern-Kind-Beziehung stärken

Hier noch ein paar Empfehlungen von uns:

Machen Sie Ihrem Kind immer wieder attraktive Angebote – auch, wenn es diese oft ablehnt. Zwingen Sie Jugendliche aber nicht zu gemeinsam verbrachter Zeit mit Ihnen. Entwicklungsbedingt kann es sein, dass gemeinsame Zeit mit den Eltern für eine Weile abgelehnt wird. Machen Sie dennoch weiterhin Angebote.

Versuchen Sie Ihr Kind in die Gestaltung der gemeinsam verbrachten Zeit einzubeziehen. Lassen Sie Ihr Kind Ideen und Wünsche äußern und gehen Sie auf diese ein.

Suchen Sie das Positive im Kleinen, zum Beispiel im Blickkontakt und einem Lächeln, das Sie mit Ihrem Kind ausgetauscht haben. Manchmal kann es hilfreich sein, sich jeden Tag die Frage zu stellen, welche positiven Momente man mit dem eigenen Kind hatte oder welche Dinge man an seinem Kind schätzt und liebt. Suchen Sie aktiv das Gute, um die graue Brille loszuwerden.

Behalten Sie den Respekt gegenüber Ihrem Kind und fordern Sie diesen auch für sich ein, auch wenn das in Krisenzeiten schwer sein kann.

Formulierungsbeispiel für Folie 7: Eltern-Kind-Beziehung stärken

Gemeinsam positive Zeit zu verbringen ist oft leichter gesagt als getan. Viele von Ihnen werden Jugendliche haben, die aufgrund der gesunden Autonomieentwicklung gerade nicht motiviert sein werden, Zeit mit der Familie zu verbringen. Eigene Interesse und Gleichaltrige stehen derzeit womöglich bei Ihren Kindern höher im Kurs. Des Weiteren haben Sie es mit Kindern zu tun, die viel Zeit mit dem Internet verbringen und nur schwer aus dem Haus zu bewegen sind. Hier haben wir ein paar Empfehlungen zusammengestellt.

- Beginnen Sie die Interaktion positiv, z. B. mit einem Thema, über das Ihr Kind gerne spricht.
- Planen Sie Aktivitäten gemeinsam.
- Gehen Sie mit gutem Beispiel voran.
- Erzwingen Sie nichts und bleiben Sie geduldig.
- Nehmen Sie Ablehnungen nicht persönlich, sie können verschiedene Gründe haben (z. B. Pubertät).

Teil 3: Rückblick und Ausblick

Folien	8–10
Zeitbedarf	30 Minuten
Ziele	Die Eltern thematisieren die offen gebliebenen Fragen und orientieren sich dahingehend, ob sie ihr Ziel erreicht haben und was sie weiter planen. Das Training kommt zu einem runden Abschluss.

Formulierungsbeispiel für Folie 9: Rückblick

Wir haben in diesen sechs Einheiten viele Themen behandelt. Einiges davon war Ihnen vielleicht bekannt, anderes vielleicht auch neu. Sie haben Ihr Verhalten überprüft und Anregungen gefunden, die Sie zuhause umgesetzt haben oder noch umsetzen können. Hier haben wir alle Themen noch einmal zusammengestellt. (Folie vorlesen)

Man kann also sagen: Eltern stärken! Sie haben viel gelernt – wenden Sie es an.

Folie 10: Abschluss & Ausblick

Geben Sie nun das Wort in die Runde. Motivieren Sie die Eltern, noch einmal auf die Zielformulierung in Einheit 1 zu blicken und das Training Revue passieren zu lassen. Besprechen Sie offene Fragen und achten Sie dabei darauf, dass einzelne Themen nicht ausarten und andere Fragen offenbleiben, weil die Zeit fehlt. Versuchen Sie im Training zu einem runden Abschluss zu kommen. Weisen Sie bei Bedarf auf weiterführende Hilfen hin, beispielsweise eine Psychotherapie oder Beratung des Kindes, eine Familientherapie, eine Erziehungsberatung der Eltern oder die Integration von Jugendhilfemaßnahmen.

Hinweis: Manchmal besteht bei den Eltern der Wunsch, mit anderen Eltern in Kontakt zu bleiben. Wenn Sie möchten, dann fördern Sie den Austausch von Kontaktdaten, damit diese kleine »Selbsthilfe« in Gang kommt.

2.3 Typische Situationen

Im folgenden Kapitel haben wir einige Erfahrungswerte aus den bisherigen Elterngruppen zusammengetragen.

2.3.1 Wenn Eltern die Computerspiele oder sozialen Netzwerke stark ablehnen

Dass Eltern keine Begeisterung für Aktivitäten ihrer Kinder aufbringen, die mit Problemen verbunden sind, ist nicht verwunderlich. Schließlich ist das Computerspiel oder das soziale Netzwerk eine direkte Konkurrenz, wenn gemeinsame Aktivitäten oder Kontakte von Jugendlichen zugunsten der Internetanwendung abgelehnt werden. Hinzu kommt, dass die meisten Eltern nicht mit Computerspielen oder sozialen Netzwerken aufgewachsen sind und wenig Verständnis gegenüber dieser Art der Freizeitbeschäftigung mitbringen. Besonders Computerspiele mit kämpferischen Elementen, die realistische Kriegssituationen nachahmen, lösen dabei Ablehnung aus. Auf den ersten Blick betrachten viele Eltern ihr Kind mit Unverständnis, wenn es Freude zeigt an kriegerischen Aktivitäten. Übersehen wird dabei schnell die Spielestrategie, die von Jugendlichen im Team mit teilweise internationalen Mitspielenden erarbeitet wird, der aufgebaute Charakter und der künstlerische Aspekt einer fesselnden Hintergrundgeschichte. Für manche Eltern wird das Computerspiel oder das soziale Netzwerk zum Symbol allen Übels. An schlechten Schulleistungen, dem verwahrlosenden Zimmer, dem Rückzug aus Hobbys und der Familie oder den häufigen Konflikten ist stets das Internet schuld. Mit manchen dieser Ursachenzuschreibungen haben die Eltern vermutlich Recht. Die bevorzugte Internetanwendung des Kindes zu verteufeln ist aber dennoch nicht hilfreich. Die Erfahrung zeigt, dass Jugendliche dadurch mitunter in eine Verteidigungshaltung geraten können. Im Konflikt mit den Eltern argumentieren sie nur noch positiv und lassen eine kritische Betrachtung der bevorzugten Internetanwendung nicht zu. Dies kann auch auf die innere Haltung abfärben, sodass es Jugendlichen dann schwerfällt, sich selbst gegenüber eine kritische Reflexion ihres Verhaltens zuzulassen.

Eltern tun daher gut daran, eine Verteufelung der bevorzugten Internetanwendung zu vermeiden oder zu reduzieren. Eine Möglichkeit, dies zu erreichen, besteht darin, das Computerspiel oder das soziale Netzwerk aus den Augen des Kindes zu erfahren und sich zu bemühen, die positiven Seiten zu sehen. Das bedeutet nicht, dass die Probleme, die mit dem Nutzungsverhalten verbunden sind, vergessen werden. Beides sollte möglich sein. Die Wertschätzung der bevorzugten Internetanwendung auf der einen Seite und die kritische Reflexion des Nutzungsverhaltens auf der anderen Seite.

2.3.2 Wenn Eltern Anbieter von Computerspielen oder sozialen Netzwerken als schuldig an dem Nutzungsverhalten der Jugendlichen betrachten

Firmen setzen verschiedene Strategien ein, um ihre Kunden zu binden und ihre wirtschaftlichen Ziele zu erreichen. Das kann bedeuten, dass Firmen versuchen ihre Kunden möglichst häufig oder lange auf sozialen Medien oder in Computerspielen zu halten, um die Präsentation von Werbung oder den Kauf von Produkten im Spiel zu fördern. Die Kritik an solchen Strategien, mit denen Kinder und Jugendliche verführt werden, ist berechtigt und ein Appell an Politik, Wirtschaft und Gesellschaft sinnvoll. Eltern sollten sich allerdings bewusstwerden, dass Internetanwendungen allein nicht zur Sucht führen können. Wäre das so, dann würden alle Nutzenden automatisch eine Sucht entwickeln. Die Mehrheit der jungen Menschen schafft es jedoch, Computerspiele und soziale Netzwerke zu nutzen, ohne eine Abhängigkeit zu entwickeln. Bei der Entstehung einer Sucht kommen mehrere Faktoren zusammen. Dies zu erkennen kann Handlungsoptionen eröffnen und das Gefühl des Ausgeliefertseins gegenüber der bevorzugten Internetanwendung reduzieren. Diese Erkenntnis bedeutet aber auch, dass sich Eltern ihrer Verantwortung bewusstwerden sollten und sie ihre Einflussmöglichkeiten erkennen und nutzen sollten.

2.3.3 Wenn sich Eltern uneinig sind

Die Erfahrung zeigt, dass Elternteile manchmal einen unterschiedlichen Blick auf das Kind, die bevorzugte Internetanwendung, die Probleme und die Notwendigkeit oder Art der Lösung haben. Wir empfehlen, diese unterschiedlichen Perspektiven zunächst als Ressource zu betrachten, da Eltern ihren Kindern damit verschiedene Blickwinkel auf die Welt vermitteln können. Gleichzeitig empfehlen wir, die Eltern dazu zu motivieren, an den Punkten zu arbeiten, an denen Uneinigkeit zu Problemen führt. Ein Problem kann entstehen, wenn Jugendliche einen klaren Rahmen und Orientierung suchen und brauchen, die Eltern diesen aber nicht geben können. Jugendliche müssen in diesem Vakuum allein zurechtkommen und sind überfordert. Ein klassisches Beispiel bezieht sich auf die Vereinbarung von Nutzungszeiten. Hier kann es auf verschiedenen Ebenen Uneinigkeit geben: Braucht es überhaupt eine Begrenzung von Nutzungszeiten? Wie soll die Begrenzung aussehen? Wie soll sie umgesetzt/eingefordert/kontrolliert werden? Wie wollen die Eltern damit umgehen, wenn die Vereinbarungen nicht eingehalten werden? Wollen die Eltern unterschiedlich streng sein?

Wir empfehlen Trainerinnen und Trainern, Eltern auf Uneinigkeiten anzusprechen, wenn diese auffallen. Fordern Sie die Eltern auf, über die Uneinigkeit so lange zu verhandeln, bis sie zu einem Kompromiss gefunden haben. Das kann zum Beispiel im Anschluss an jede Einheit des ISES! Gruppentrainings erfolgen. Eine Art Elternzeit, die optimalerweise zuhause nach dem Training zur Routine wird. Fallen viele Uneinigkeiten bei verschiedenen Themen auf, kann es hilfreich sein, Eltern an eine Erziehungsberatungsstelle zu verweisen, bei der sie ihre Erziehungsfragen mit Unterstützung gemeinsam und über einen längeren Zeitraum klären können.

Teilweise nehmen einzelne Elternteile am ISES! Gruppentraining teil, weil das andere Elternteil keine Probleme beim Kind sieht und die Teilnahme am Training als überflüssig empfindet. Versuchen Sie in diesem Fall das anwesende Elternteil zu stärken und Verständnis zu zeigen für die Hilflosigkeit, die oft erlebt wird. Vielleicht zeigt das andere Elternteil Interesse am Handout oder ist bereit über einzelne Inhalte und Ideen des anwesenden Elternteils zu diskutieren. Damit ist schon ein erster Schritt geschafft.

2.3.4 Wenn Eltern mehr über technische Zeitbegrenzungen wissen wollen

Internetnutzungszeiten von Jugendlichen durch technische Möglichkeiten zu begrenzen, klingt nach einer pragmatischen und einfachen Lösung. Das kann es auch manchmal sein. Allerdings zeigt die Erfahrung, dass versierte Jugendliche immer ein Schlupfloch finden, wenn sie es darauf anlegen. Daher empfehlen wir, solche technischen Methoden nur mit Zustimmung der Jugendlichen anzuwenden.

Es kann vorkommen, dass Eltern die Trainerinnen und Trainer zur Anwendung verschiedener Apps oder Software zur Begrenzung von Internetzeiten befragen. Falls die Trainerinnen und Trainer die Expertise haben, die Fragen der Eltern zu beantworten, ist das sicherlich hilfreich. Falls nicht, dann können die Eltern auf die Internetseite www.medien-kindersicher.de verwiesen werden. Die Anbieter dieser Seite sind unter anderem Medienanstalten verschiedener Bundesländer. Eltern finden dort eine Schritt-für-Schritt-Anleitung, um Einstellungen bei verschiedenen Geräten wie Smartphone, Konsole, Router, Sprachassistent oder Smartwatch vorzunehmen.

2.3.5 Wenn die Entwicklung der Jugendlichen durch die Symptomatik stark gefährdet ist

Wenn Jugendliche nicht mehr zur Schule oder zur Ausbildung gehen, sich sozial völlig zurückgezogen haben, die Körperhygiene stark vernachlässigen und/oder aggressiv sich selbst oder anderen gegenüber sind und gleichzeitig eine Behandlung verweigern, ist das möglicherweise eine Indikation für eine stationäre Behandlung – unter Umständen gegen den Willen des Kindes mit Hilfe eines richterlichen Beschlusses.

Der §1631b des BGB erlaubt es Eltern, bei Gericht einen Antrag auf freiheitsentziehende Maßnahmen zu stellen, der es bei einer richterlichen Genehmigung erlaubt, das Kind in eine kinder- und jugendpsychiatrische Klinik auf einer wenn möglich offenen, sonst aber auch einer geschlossenen Station behandeln zu lassen. Mit dem 18. Geburtstag ist dies nicht mehr möglich und eine bestehende Genehmigung verliert ihre Gültigkeit.

Trainerinnen und Trainer sollten bei so einem Verdacht an Kinder- und Jugendpsychiater/innen oder an Erwachsenenpsychiater/innen in ihrer Region verweisen.

2.3.6 Wenn das Kind 18 Jahre alt wird und »plötzlich erwachsen« ist

Häufig fragen Eltern, wie sie mit ihren Kindern umgehen sollen, wenn diese 18 Jahre alt werden. Unserer Erfahrung nach ändert sich mit diesem Datum allerdings erst mal wenig. Die 18-jährigen Jugendlichen leben meist nach wie vor bei und von den Eltern und befinden sich nach wie vor auf dem Weg zur Selbständigkeit. Die Selbständigkeit kommt aber nicht schlagartig mit dem 18. Geburtstag. Daher können Eltern immer noch Kooperation und die Umsetzung von Vereinbarungen einfordern, insbesondere, solange die jungen Erwachsenen noch bei ihnen leben.

Der 18. Geburtstag kann allerdings von den Eltern auch als Stichtag genutzt werden, um Verantwortung abzugeben, wenn sie das möchten. Das kann bedeuten, dass Eltern ihr Kind weniger unterstützen oder eine finanzielle Beteiligung an Wohnungs- und Verpflegungskosten einfordern. Damit kann der Druck auf die Jugendlichen erhöht werden, ihr Verhalten zu verändern. Damit einher geht allerdings ein gewisses Konflikt- und Eskalationspotenzial. Solche Maßnahmen sollten daher gut überlegt sein.

Mit dem 18. Geburtstag ist es Eltern außerdem nicht mehr möglich, ihre Kinder auch gegen deren Willen in eine kinder- und jugendpsychiatrische Behandlung zu bringen (siehe oben).

2.3.7 Wenn von Gewalt im Konflikt berichtet wird

13,6% der Eltern, die an der Wirksamkeitsstudie des ISES! Gruppentrainings teilgenommen haben, berichteten von häufigen oder sehr häufigen körperlich aggressiven Eskalationen mit ihrem Kind im Kontext der Mediennutzung (Brandhorst et al. 2023; ▶ Kap. 3). Gemäß der Pilotstudie nahmen die Eltern außerdem überdurchschnittlich viel aggressives Verhalten bei ihren Kindern wahr (Brandhorst et al. 2022; ▶ Kap. 3). Nach dem Gruppentraining reduzierten sich aggressive Tendenzen bei den Jugendlichen.

Die Erfahrung zeigt, dass Eltern sehr schambehaftet und teilweise erst im Verlauf der Gruppensitzungen, wenn Vertrauen aufgebaut wurde, von verbalen oder körperlich aggressiven Eskalationen berichten. Dabei zeigt sich teilweise eine zweifelhafte Akzeptanz der Eltern gegenüber Beschimpfungen, Bedrohungen oder Herabwürdigungen durch ihre Kinder. Eine solche Toleranz tut keinem gut – weder den Kindern noch den Eltern. Keine Familienkultur sollte im Umgang miteinander Gewalt dulden. Wenn Gewalt im Konflikt mit dem Kind droht, sollten Eltern zunächst deeskalieren und beispielsweise Strategien aus Einheit 5 verwenden, bevor es zur Gewalt kommt. Wenn es trotzdem zu Gewalt gekommen ist, so muss diese schnellstmöglich unterbrochen werden. Danach sollte diese Situation unbedingt nachbesprochen werden, sobald sich die Gemüter beruhigt haben. Eltern sollten kommunizieren, wie es ihnen in der Situation erging und was sie sich zukünftig wünschen (siehe Kommunikationsstrategien aus Einheit 3 und 4).

Gelegentlich werden auch massiv aggressive Eskalationen geschildert, welche die Eltern nahezu handlungsunfähig machen, da sie sich von ihren Kindern ernsthaft bedroht fühlen. In solchen Situationen hat die Sicherheit der Beteiligten oberste Priorität und die unmittelbare Unterstützung durch Dritte kann indiziert sein. Eltern sollten sich nicht scheuen, im Zweifelsfall die Polizei zu rufen. Außerdem sollte alles, was Druck aufbaut, beispielsweise der Einsatz von neuen Regeln, die beim Kind Widerstand auslösen könnten, vermieden werden. Eine solche Situation legt die Integration von weiteren Hilfen nahe, sei es einer psychiatrischen Behandlung oder auch der Einbezug der Jugendhilfe.

Es kann vorkommen, dass sich Eltern, deren Kinder sich verbal aber nicht körperlich aggressiv verhalten, in Anbetracht der Schilderungen anderer Gruppenmitglieder weniger wichtig vorkommen. Achten Sie als Trainerin oder Trainer darauf, dass diese Eltern auch zu Wort kommen und validieren Sie auch ihre Schilderungen.

Gewalt kann nicht nur von Jugendlichen, sondern auch von den Eltern ausgehen. Im Gespräch darüber sollten die Trainerinnen und Trainer einerseits Verständnis gegenüber den Emotionen zeigen, die im Konflikt mit den Kindern entstehen können, damit Eltern über diese Situationen sprechen können, ohne sich verurteilt zu fühlen. Gleichzeitig sollten die Trainerinnen und Trainer eine klare Haltung zeigen, die ausdrückt, dass gewaltvolles Verhalten gegenüber dem Kind nicht akzeptiert oder gerechtfertigt werden darf. Die Eltern sollten an ihre Verantwortung als Erwachsene appelliert werden, frühzeitig aus der Eskalationsspirale auszusteigen, bevor Gewalt entsteht. Damit sind sie die wichtigsten Vorbilder für ihre Kinder.

2.3.8 Wenn Eltern bisher sehr freigiebig oder inkonsequent waren

Manche Eltern berichten davon, dass sie ihren Kindern bisher alle Freiheiten in Bezug auf das Internet gelassen haben und dies gerne ändern möchten. Manchmal steht hinter der fehlenden Begrenzung die Angst vor Konflikten mit dem Kind. Den eigenen Kurs zu korrigieren ist möglich, wird aber höchst wahrscheinlich nicht gegen einen gewissen Widerstand des Kindes gelingen, was mit Konflikten einhergehen wird. Wir empfehlen zunächst, dass sich Eltern bewusst machen, dass ein neuer Kurs Konflikte hervorrufen wird und dass Eltern in ihrer Entscheidung daher reflektiert und sicher sein müssen. Des Weiteren empfehlen wir eine offene und ehrliche Kommunikation mit dem Kind, um für Verständnis zu werben und die neuen Regeln gemeinsam auszuhandeln. Damit wird vermutlich nicht erreicht, dass die Kinder freiwillig Freiheiten aufgeben, aber es wird möglicherweise der Widerstand des Kindes reduziert. Es kann motivierend wirken, wenn Eltern darauf hingewiesen werden, dass eine klare und verlässliche Haltung der Eltern mittelfristig Situationen entspannen kann, auch wenn es kurzfristig zu Konflikten kommt.

2.3.9 Wenn Eltern und Kinder gar nicht mehr miteinander reden

In manchen Familien herrscht so dicke Luft, dass Jugendliche sich nur noch in ihrem Zimmer verschanzen und Eltern die Kontaktaufnahme scheuen, da sie meist in Konflikten endet. Allerdings ist auch ein Anschweigen als Kommunikation zu betrachten. Trainerinnen und Trainer können Eltern motivieren, immer wieder Kontaktangebote zu machen und die Strategien der gewaltfreien Kommunikation aus Einheit 4 anzuwenden. Damit Eltern diese Kontaktangebote entspannt angehen können, ist es wichtig, dass sie einen Raum haben, in dem sie ihre Sorgen, Ängste und ihren Ärger über das Kind äußern können. Zum Beispiel im Austausch mit Freunden, Familie oder im ISES! Gruppentraining. Schlussendliche sind aber die Möglichkeiten der Eltern begrenzt, denn für ein positives Gespräch braucht es immer noch zwei Gesprächspartner.

2.3.10 Wenn Eltern sich fragen, ob sie Computerspiele erlauben sollen, die keine Altersfreigabe für das eigene Kind haben

Manchmal thematisieren Eltern im Rahmen der Gruppe offen und besorgt, dass ihre Kinder Computerspiele spielen, die noch nicht für ihr Alter freigegeben sind. Eltern sind bei diesem Thema oft unsicher, da sie sich eigentlich an die Vorgaben halten und ihr Kind nicht gefährden wollen. Andererseits wollen sie nicht überstreng reagieren, vor allem, wenn die Jugendlichen überzeugend davon berichten, dass alle Gleichaltrigen diese Spiele spielen.

Es hilft, wenn Trainerinnen und Trainer dieser Unsicherheit eine klare Haltung entgegensetzen: Eltern sollten sich an die Vorgaben halten und die Spiele oder sozialen Netzwerke zusätzlich einer eigenen, vielleicht noch strengeren Prüfung unterziehen. Eltern sollten die Verantwortung, welche Spiele ihre Kinder spielen dürfen, nicht auf ihre Kinder übertragen. Die USK (Unterhaltungssoftware Selbstkontrolle) prüft auf Grundlage des Jugendschutzgesetzes, ob die Spiele sich negativ auf die Entwicklung von Kindern und Jugendlichen auswirken können. Wollen Eltern einen negativen Einfluss vermeiden, sollten sie sich an die Alterskennzeichnung halten.

Informationen dazu, wie die Freigaben für Spiele und Anwendungen zustanden kommen, finden Trainerinnen und Trainer unter www.usk.de.

2.3.11 Wenn Eltern Fragen über den Zusammenhang zwischen Sucht und Dopamin stellen

Die Erfahrungen mit dem ISES! Gruppentraining zeigen, dass Eltern teilweise oberflächlich über neuropsychologische Prozesse in Zusammenhang mit Computerspielen und sozialen Netzwerken informiert sind. Oft sind die Eltern dabei durch plakative Erklärungen aus den Medien beeinflusst, bei denen der Botenstoff Dopamin für die Entwicklung einer Sucht verantwortlich gemacht wird. Die Forschungsliteratur lässt eine solche alleinige Ursachenzuschreibung jedoch nicht zu (▶ Kap. 1.3).

Richtig ist, dass bei der Nutzung von Computerspielen und sozialen Netzwerken Dopamin im Gehirn ausgeschüttet wird, in einem Ausmaß, wie es auch bei substanzgebundenen Süchten zu beobachten ist. Gleichzeitig wird bei jugendlichen Computerspielern eine Toleranz gegenüber Dopamin beobachtet, was damit in Verbindung gebracht werden kann, dass Jugendliche oft eigenen Berichten nach abgesehen von Computerspielen nichts mehr Freude macht.

Wir empfehlen Trainerinnen und Trainern, nicht vertieft auf neuropsychologische Prozesse einzugehen – außer es besteht eine entsprechende Expertise. Sie können jedoch bei Bedarf eine grobe Einordnung auf Basis der in ▶ Kap. 1.3.2 dargestellten Studienergebnissen geben. Dies kann Eltern helfen zu verstehen, warum es Jugendlichen manchmal schwerfällt, sich auf andere Aktivitäten einzulassen, sich zu strukturieren und ihre Impulse und Emotionen zu kontrollieren. Die Trainerinnen und Trainer sollten in dem Zusammenhang auf die vielfältigen Faktoren hinweisen, die bei der Entstehung einer Sucht beteiligt sein können. Wenn sich Eltern zu sehr auf Dopamin als Ursache für eine mögliche Sucht fokussieren, verlieren sie sonst den Blick auf ihre eigenen Einfluss- und Handlungsmöglichkeiten.

3 Ergebnisse der Evaluationsstudien

In den folgenden Abschnitten finden Sie die Ergebnisse einer Pilotstudie (▶ Kap. 3.1) und die Ergebnisse einer Wirksamkeitsstudie (▶ Kap. 3.2). Aus beiden Studien wurden Erfahrungswerte genutzt, um das Manual zu optimieren.

3.1 Ergebnisse einer Pilotstudie

Erste Erfahrungen mit dem ISES! Gruppentraining wurden durch eine Pilotstudie begleitet. Hierfür wurden Eltern befragt, die am ISES! Gruppentraining teilnahmen. Die Ziele der Pilotstudie waren:

Überprüfen, ob

1. die Inhalte und die Struktur des Trainings gut angenommen werden.
2. sich Symptome einer Computerspielsucht bei Jugendlichen verändern.
3. sich die Lebensqualität der Eltern und der Jugendlichen verändert.
4. sich eine mögliche psychischen Belastung der Jugendlichen verändert.

Die Ergebnisse der Pilotstudie können in folgendem Artikel nachgelesen werden:
Brandhorst, I., Petersen, K.U., Hanke, S., Batra, A., Renner, T., Barth, G.M. (2022). Training for Parents of Adolescents with Gaming Disorder – A Pilot Study. SUCHT, 68 (6), 335–343.

3.1.1 Studiendesign und Stichprobe

Es fanden vier Gruppen mit 31 teilnehmenden Familien (42 Personen, 30 Mütter, 12 Väter) am Universitätsklinikum Tübingen statt. Rekrutiert wurden die Eltern in der Spezialsprechstunde für Internet- und Computerspielsucht der Abteilung Psychiatrie, Psychosomatik und Psychotherapie im Kindes- und Jugendalter und an der Suchtambulanz im Rahmen des Angebots für Computerspiel- und Internetabhängigkeit der Allgemeinen Psychiatrie am Universitätsklinikum Tübingen. Die Eltern waren zwischen 41 und 69 Jahren alt (Durchschnitt: 50 Jahre). Bei elf Familien nahmen beide Elternteile am Training teil, bei 19 Familien waren die Mütter die Teilnehmenden, bei einer Familie nahm der Vater allein teil. 97 % der Jugendlichen waren männlich mit einer Altersspanne von 10 bis 24 Jahren (Durchschnitt: ca. 16 Jahre). Die meisten Eltern (77 %) nahmen an mindestens fünf Gruppensitzungen teil. Zwei Familien brachen das Training ab (Gründe: Umzug des Sohnes in Wohngruppe, Training passte thematisch nicht).

Jede Trainingseinheit wurde im Anschluss an die Gruppentermine anonym evaluiert. Zusätzlich wurden die Eltern vor und nach dem Gruppentraining zur Beantwortung von Fragebögen aufgefordert. Es kamen folgende Fragebögen zum Einsatz:

- Computerspielabhängigkeitsskala (CSAS-FE; Rehbein et al. 2015)
- Inventar zur Erfassung der Lebensqualität bei Kindern (ILK; Mattejat & Remschmidt 2006)
- Fragebogen zur Lebenszufriedenheit (FLZ; Fahrenberg et al. 2000)
- Child-Behavior-Checklist (CBCL6–18R; Döpfner et al. 2014)

3.1.2 Ergebnisse

Die Ergebnisse zeigen, dass die Teilnehmenden von einer hohen Zufriedenheit mit dem Training berichteten (▶ Abb. 3.1). Die Akzeptanz der einzelnen Trainingsinhalte war hoch. Keiner der Inhalte wurde schlecht bewertet. Am hilfreichsten fanden die Eltern den Austausch mit den anderen Elternteilen, sowie die Inhalte zum selbstsicheren Auftreten und zu Deeskalationsstrategien.

Die Eltern berichteten am Ende des Trainings, dass sie die allgemeinen Inhalte gut auf ihre persönliche Situation übertragen konnten (Mittlere Bewertung 1,62; Antwortoptionen: 1 = »trifft für mich voll und ganz zu« bis 5 = »trifft für mich überhaupt nicht zu«). Sie schilderten außerdem, dass sie sich durch die Inhalte angesprochen fühlten (Mittlere Bewertung 1,44) und dass das Training sie motiviert habe, an der Situation zuhause weiterzuarbeiten (Mittlere Bewertung 1,47). Die Hälfte der Teilnehmenden empfand die Anzahl der Gruppensitzungen als »genau richtig«, die andere Hälfte hätte gerne mehr Gruppensitzungen gehabt. Ein Großteil der Teilnehmenden (81 %) schilderte, dass die Dauer der einzelnen Gruppensitzungen (90 Minuten) »genau richtig« gewesen sei (3 % »zu lang«; 16 % »zu kurz«). Für 91 % der Teilnehmenden war der Abstand der Gruppensitzungen (wöchentlich bis zweiwöchig) »genau richtig«.

In den Evaluationsbögen beschrieben einzelne Eltern im freien Kommentarfeld, dass sie ein verändertes Kommunikationsverhalten bei sich selbst erlebten (weniger aufbrausend/aggressiv), eine klarere Haltung und Durchsetzung von Regeln praktizierten, einen verständnisvolleren Blick auf das Kind hatten, weniger Stress und Belastung empfanden und vermehrt Sicherheit und Gelassenheit verspürten. Mit Blick auf die Jugendlichen berichteten einzelne Eltern von einer reduzierten Nutzung digitaler Spiele, einem veränderten Auftreten, einer erhöhten Bereitschaft zur Selbstreflexion und einer gesteigerten Regelakzeptanz.

Nach jeder Gruppensitzung wurden die Eltern gefragt, ob sie das Gefühl haben, dass sich die Mediennutzung ihres Kindes verbessert hat, ob sie besser mit der

3.1 Ergebnisse einer Pilotstudie

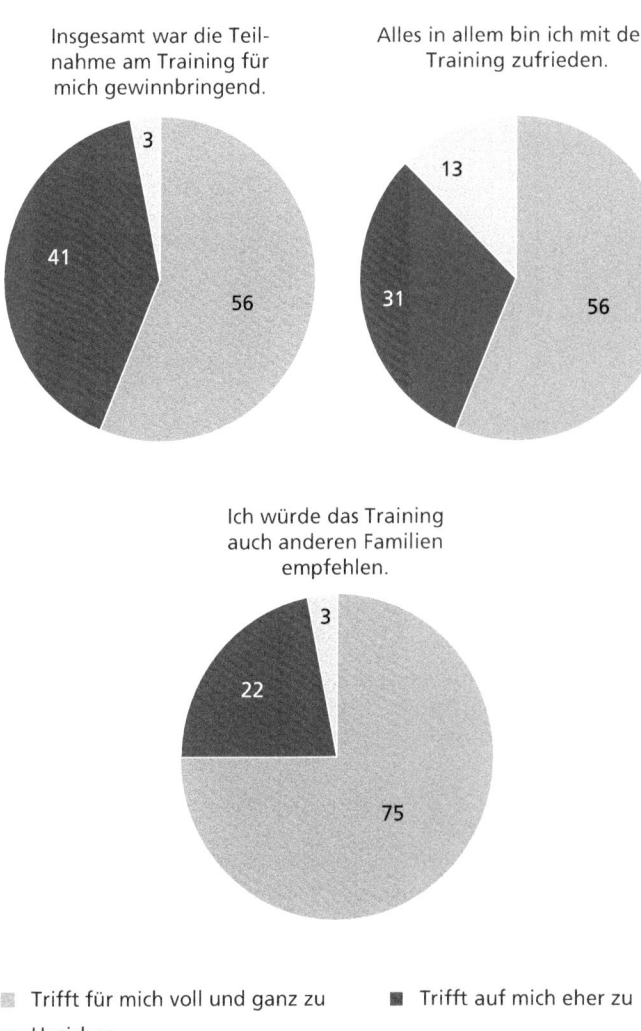

Abb. 3.1: Auszug aus der Teilnehmerevaluation der Pilotstudie (Antwort-Optionen: Trifft für mich voll und ganz zu; Trifft für mich eher zu; Unsicher; Trifft für mich eher nicht zu; Trifft für mich überhaupt nicht zu)

problematischen Mediennutzung ihres Kindes zurechtkommen und ob sie sich weniger durch die problematische Mediennutzung des Kindes belastet fühlen (▶ Abb. 3.2). Hier zeigte sich ein klarer Trend, der auch statistisch nachzuweisen war.

Neben den Evaluationsbögen zeigten auch die standardisierten Fragebögen Veränderungen. Der Gesamtwert im CSAS-FE reduzierte sich im statistischen Vergleich signifikant (p = .005; ▶ Abb. 3.3). Die Fragebogendaten zeigten außerdem, dass sich Symptome einer Computerspielsucht gemäß DSM-5 (Diagnostic and Statistical Manual of Mental Disorders) signifikant reduzierten von einem Wert, der

3 Ergebnisse der Evaluationsstudien

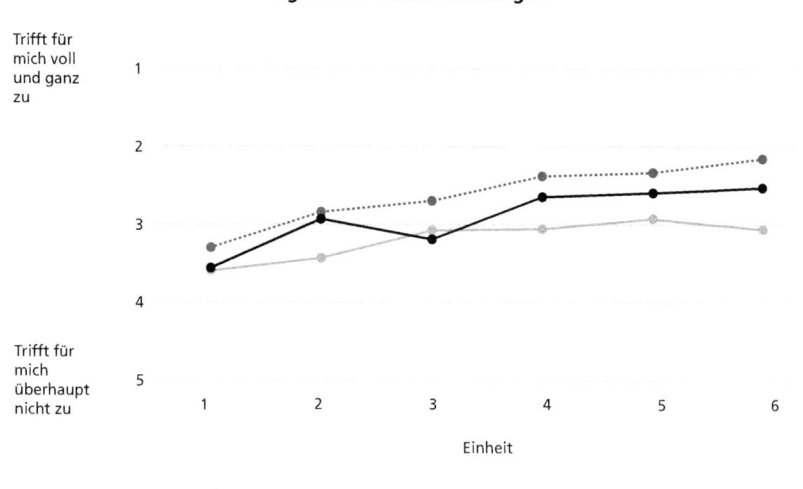

Abb. 3.2: Globale Bewertung über die sechs Einheiten zu drei Themen:
1) Verbesserung Symptomatik (»Ich habe das Gefühl, dass sich die problematische Mediennutzung meines Angehörigen verbessert hat«; p ≤ .000),
2) Besserer Umgang (»Ich habe das Gefühl, dass ich mit der problematischen Mediennutzung meines Angehörigen besser umgehen kann«; p = .005),
3) Weniger Belastung (»Ich fühle mich durch die problematische Mediennutzung meines Angehörigen weniger belastet«; p = .080)

den Grenzwert zur Pathologie überschritt (Cut-off = 5) zu einem Wert, der diesen unterschritt (p = .002; ▶ Abb. 3.4).

Des Weiteren verbesserte sich die Symptombelastung der Jugendlichen. Sie zeigten nach dem Training im Fragebogen CBCL-6–18R weniger internalisierende (p = .003) und externalisierende Probleme (p = .003), sowie eine gesteigerte Lebensqualität im ILK (p = .043). Die Eltern berichteten im Fragebogen FLZ eine beeinträchtigte Lebensqualität hinsichtlich der Eltern-Kind-Beziehung, für die sich direkt nach dem Training jedoch keine Veränderung beobachten ließ (p = .205).

3.1 Ergebnisse einer Pilotstudie

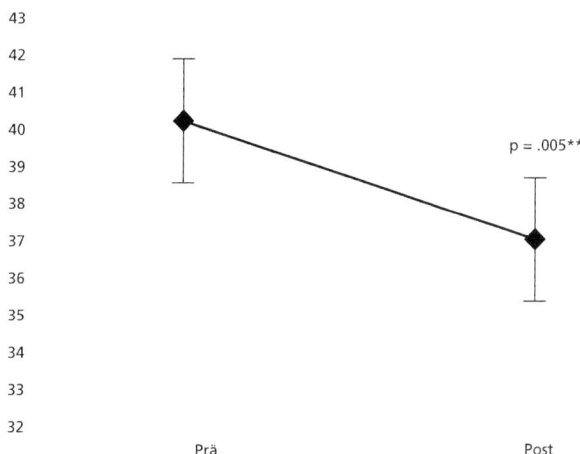

Abb. 3.3: Gemittelte Prä- und Post-Daten des Gesamtwerts der Elternversion des Fragebogens »Computerspielabhängigkeitsskala« (CSAS-FE); ** signifikante Reduktion im T-Test

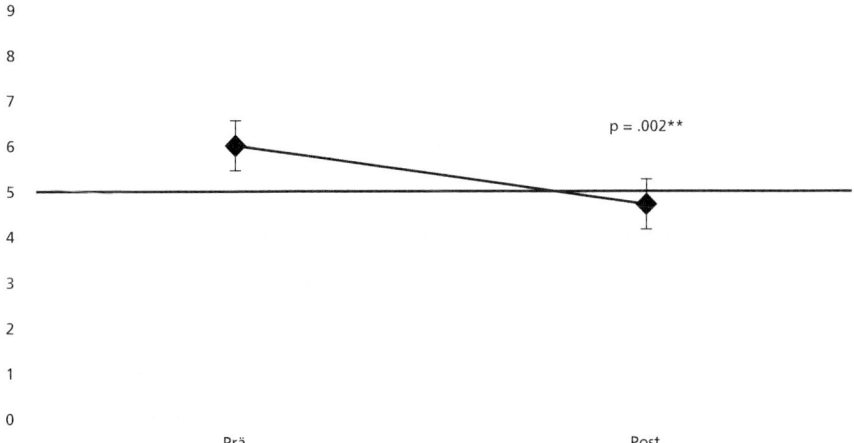

Abb. 3.4: Gemittelte Anzahl erfüllter Diagnosekriterien gemäß Elternversion des Fragebogens »Computerspielabhängigkeitsskala« (CSAS-FE); *** hoch signifikante Reduktion im T-Test; die dicke horizontale Linie markiert den Grenzwert von 5.

3.1.3 Fazit der Pilotstudie

Die Ergebnisse der Pilotstudie zeigten, dass das Training hinsichtlich der Inhalte und der gewählten Struktur gut angenommen wurde. Außerdem ergaben sich durch die

Fragebogendaten erste Hinweise auf eine potenzielle Wirksamkeit des Trainings, die in der folgend beschriebenen Untersuchung überprüft wurde.

3.2 Ergebnisse einer Wirksamkeitsstudie

Für die Überprüfung der Wirksamkeit des ISES! Gruppentrainings wurde eine randomisierte kontrollierte multizentrische Studie durchgeführt. Die Ziele der Wirksamkeitsstudie waren unter anderem:

Überprüfen, ob sich

1. Symptome einer Internetsucht, Computerspielsucht oder Sozialen-Netzwerk-Abhängigkeit durch das Training reduzieren.
2. die Behandlungsbereitschaft der Jugendlichen erhöht.
3. die Eltern-Kind-Beziehung verbessert.

Die Ergebnisse der Wirksamkeitsstudie können in folgendem Artikel nachgelesen werden:

Brandhorst, I, Lahres, P., Hanke, S., Batra, A., Renner, T., Barth, G., Lindenberg, K., Vonderlin, E., Petersen, K. (2023). Randomized Controlled Evaluation of a Group-Based Training for Parents of Adolescents with Gaming Disorder or Social Network Use Disorder. Int. J. Environ. Res. Public Health, 20, 272.

3.2.1 Studiendesign und Stichprobe

Für die Überprüfung der Wirksamkeit des ISES! Gruppentrainings wurden Eltern, die am Training teilnahmen (= Behandlungsgruppe) mit Eltern verglichen, die zunächst nicht am Training teilnahmen (Wartegruppe). Eine Zuordnung zu einer dieser beiden Bedingungen erfolgte nach dem Zufall.

Insgesamt fanden sieben Trainingsgruppen an der Abteilung Psychiatrie, Psychosomatik und Psychotherapie im Kindes- und Jugendalter und an der Abteilung der Allgemeinen Psychiatrie am Universitätsklinikum Tübingen, an der Hochschulambulanz des Psychologischen Instituts der Universität Heidelberg und an der Hochschulambulanz der Abteilung Kinder- und Jugendlichenpsychotherapie der Goethe-Universität Frankfurt statt. Es meldeten sich 76 Eltern zur Studie an, 59 nahmen an der Prä- und Postbefragung teil (Behandlungsgruppe 33 Eltern, Wartegruppe 26 Eltern). Alle Eltern der Behandlungsgruppe nahmen an mindestens vier Trainingsterminen teil. Die 59 Eltern waren 40 bis 61 Jahre alt (Durchschnitt 50 Jahre). 36 davon waren Mütter, 23 Väter. 60 % der Eltern nahmen gemeinsam mit der Partnerin/dem Partner am Training teil. 86 % der Jugendlichen waren männlich mit einer Altersspanne von 12 bis 20 Jahren (Durchschnitt 15 Jahre). 88 % der teilnehmenden Eltern hatten einen Studienabschluss, was auf ein überdurchschnittlich hohes Bildungsniveau der Teilnehmenden schließen lässt.

Vor und nach dem ISES! Gruppentraining bzw. der Wartezeit wurden die Eltern zur Beantwortung von Fragebögen aufgefordert. Es kamen unter anderem folgende Fragebögen zum Einsatz:

- Computerspielabhängigkeitsskala (CSAS-FE; Rehbein et al. 2015)
- Elternversion der Compulsive Internet Use Scale (Eltern-CIUS, siehe CIUS: Meerkerk et al. 2009)
- Elternbildfragebogen Elternversion (EBF-E, siehe EBF-KJ: Titze et al. 2010)
- Eltern-Kind-Inventar (EKI)

3.2.2 Ergebnisse

41 % der Jugendlichen erfüllten gemäß CSAS-FE im Elternurteil die DSM-5-Kriterien einer Computerspielsucht (mindestens fünf von neun Kriterien erfüllt). 31 % galten gemäß Elternurteil als »riskante Nutzer/innen« (2–4 Kriterien).

Der Vergleich über die Erhebungszeitpunkte zeigte, dass sich Symptome einer Internetsucht (Eltern-CIUS) bei Jugendlichen der Behandlungsgruppe signifikant stärker reduzierten (▶ Abb. 3.5).

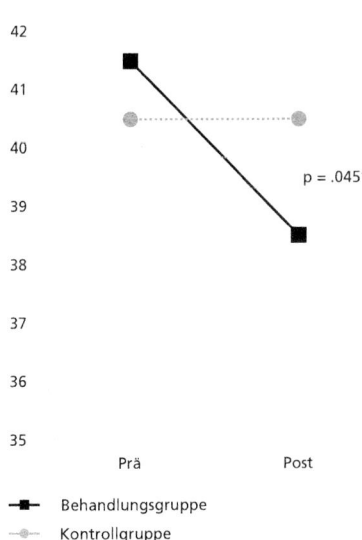

Abb. 3.5: Gemittelte Prä- und Post-Daten des Gesamtwerts der Elternversion der Compulsive Internet Use Scale (Eltern-CIUS); * signifikante Reduktion in der Varianzanalyse

Symptome einer Computerspielsucht reduzieren sich durch das ISES! Gruppentraining allerdings nur bei Jugendlichen, die der Risikogruppe angehörten, nicht aber bei Jugendlichen, die bereits die Kriterien einer Computerspielsucht erfüllten (▶ Abb. 3.6).

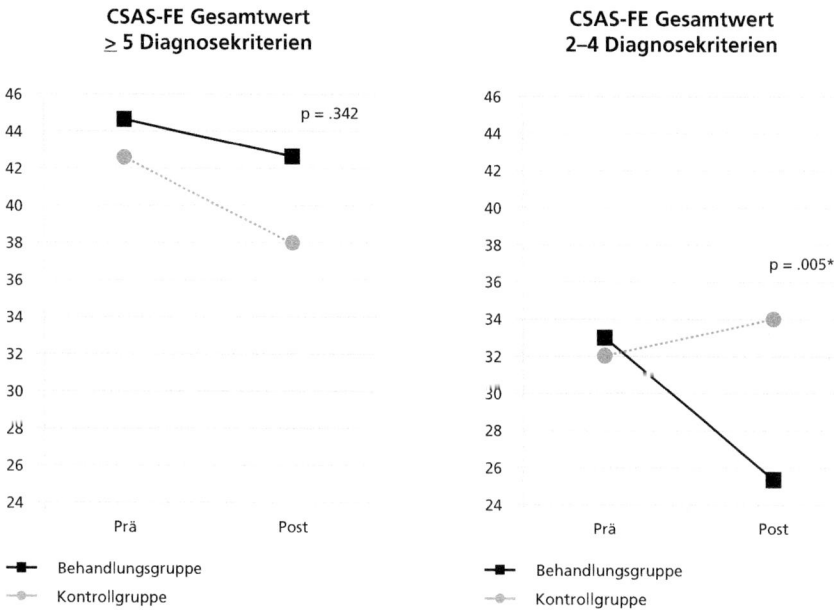

Abb. 3.6: Gemittelte Prä- und Post-Daten des Gesamtwerts der Elternversion des Fragebogens »Computerspielabhängigkeitsskala« (CSAS-FE) für Jugendliche, die gemäß ihren Eltern die Kriterien einer »Gaming Disorder« nach DSM-5 erfüllen (links) oder nicht erfüllen (rechts); * signifikante Reduktion in der Varianzanalyse

Die Eltern der Behandlungsgruppe gaben an, dass ihre Kinder eher motiviert seien, sich mit den Eltern über ihr Problemverhalten auszutauschen und das Problemverhalten zu verändern. Kein Vorteil der Behandlungsgruppe konnte bei der Frage festgestellt werden, ob die Jugendlichen eher bereit seien, sich in Behandlung zu begeben.

14 % der Eltern gaben an, dass es häufig oder sehr häufig zu aggressiven körperlichen Auseinandersetzungen mit dem Kind im Zusammenhang mit der Mediennutzung gekommen sei. Durch das Training konnte die Häufigkeit der Konflikte in der Behandlungsgruppe signifikant reduziert werden, während diese Veränderung nicht in der Wartegruppe zu beobachten war. Genauere Analysen zeigten, dass dieser Effekt nur bei Müttern und nicht bei Vätern zu beobachten war und hauptsächlich bei Jugendlichen, die Computerspiele spielten und nicht bei Jugendlichen, die soziale Netzwerke nutzten.

In Bezug auf die Eltern-Kind-Beziehung konnten nur wenige signifikante Veränderungen im EBF-E und im EKI beobachtet werden. Diese bezogen sich hauptsächlich auf die Mütter der Behandlungsgruppe. Sie berichteten Verbesserungen der

Familienkohäsion (Ausdruck von Liebe, füreinander Dasein, Kuscheln), der kindlichen Authentizität (Ausdruck von Gedanken und Gefühlen durch das Kind), der kindlichen Empathie (Interesse des Kindes an den Gedanken und Gefühlen der Eltern) und des kindlichen Hilfeverhaltens (Unterstützung der Eltern durch das Kind).

3.2.3 Fazit der Wirksamkeitsstudie

Die Ergebnisse der Wirksamkeitsstudie zeigen im Elternurteil, dass das Training erfolgreich zu einer Reduktion von Symptomen einer Internetsucht führen kann. Außerdem konnte eine Symptomreduktion bei Jugendlichen festgestellt werden, die gemäß Elternurteil eine riskante Nutzung von Computerspielen aufweisen.

Die Online-Zusatzmaterialien sind unter folgendem Link für Sie verfügbar[5]:
Link:

   https://dl.kohlhammer.de/978-3-17-039472-8.

---

[5] Wichtiger urheberrechtlicher Hinweis: Alle zusätzlichen Materialien, die im Download-Bereich zur Verfügung gestellt werden, sind urheberrechtlich geschützt. Ihre Verwendung ist nur zum persönlichen und nichtgewerblichen Gebrauch erlaubt. Jede Verwendung außerhalb der engen Grenzen des Urheberrechts ist ohne Zustimmung des Verlags unzulässig und strafbar. Das gilt insbesondere für Vervielfältigungen, Übersetzungen, Mikroverfilmungen und für die Einspeicherung und Verarbeitung in elektronischen Systemen.

Literatur

Abi-Jaoude E, Naylor KT, Pignatiello A (2020) Smartphones, social media use and youth mental health. Canadian Medical Association journal 192 (6): E136-E141.
Aghasi M, Matinfar A, Golzarand M et al. (2019) Internet Use in Relation to Overweight and Obesity: A Systematic Review and Meta-Analysis of Cross-Sectional Studies. Advances in Nutrition 11 (2): 349–356.
Akram W, Kumar R (2017) A Study on Positive and Negative Effects of Social Media on Society. International Journal of Computer Sciences and Engineering 5 (10): 347–354.
Albertini V, Dreier M, Groppler A et al. (2015) Position des Fachverbands Medienabhängigkeit e.V. zur Einbeziehung von entwicklungsbeeinträchtigenden Bindungskriterien bei der Altersfreigabe von Computerspielen zur Prävention und Verhinderung einer Medienabhängigkeit. Fachverband Medienabhängigkeit e.V. Online verfügbar unter: https://www.fv-medienabhaengigkeit.de/fileadmin/images/Dateien/Position_spielimmanente_Faktoren_02-2015.pdf, zuletzt aktualisiert am 01.03.2024.
Barth GM, Renner TJ (2015) ADHS und Mediensucht bei Kindern und Jugendlichen. Sucht 61 (5): 293–301.
Bonnaire C, Liddle HA, Har A et al. (2019) Why and how to include parents in the treatment of adolescents presenting Internet gaming disorder? Journal of behavioral addictions 8 (2): 201–212.
Bonnaire C, Phan O (2017) Relationships between parental attitudes, family functioning and Internet gaming disorder in adolescents attending school. Psychiatry research 255: 104–110.
Borca G, Bina M, Keller PS et al. (2015) Internet use and developmental tasks: Adolescents' point of view. Computers in Human Behavior 52: 49–58.
Brand M, Young KS, Laier C et al. (2016) Integrating psychological and neurobiological considerations regarding the development and maintenance of specific Internet-use disorders: An Interaction of Person-Affect-Cognition-Execution (I-PACE) model. Neuroscience and biobehavioral reviews 71: 252–266.
Brandhorst I, Lahres P, Hanke S et al. (2023) Randomized Controlled Evaluation of a Group-Based Training for Parents of Adolescents with Gaming Disorder or Social Network Use Disorder. International journal of environmental research and public health 20 (1): 272.
Brandhorst I, Petersen K, Hanke S et al. (2022) Training for parents of adolescents with gaming disorder: A pilot study. Sucht 68 (6): 1–9.
Brandhorst I, Renner T, Barth G (2021) Elternfaktoren bei Internet- und Computerspielsucht im Jugendalter: Eine Übersicht. Zeitschrift für Kinder- und Jugendpsychiatrie und Psychotherapie 49: 1–13.
Burkhardt J, Lenhard W (2022) A Meta-Analysis on the Longitudinal, Age-Dependent Effects of Violent Video Games on Aggression. Media Psychology 25 (3): 499–512.
Choo H, Sim T, Liau AK et al. (2015) Parental Influences on Pathological Symptoms of Video-Gaming Among Children and Adolescents: A Prospective Study. Journal of Child and Family Studies 24 (5): 1429–1441.
Cina A, Bodenmann G (2009) Zusammenhang zwischen Stress der Eltern und kindlichem Problemverhalten. Kindheit und Entwicklung 18 (1): 39–48.
Crone EA, Konijn EA (2018) Media use and brain development during adolescence. Nature communications 9 (1): 588.

De Leo JA, Wulfert E (2013) Problematic Internet use and other risky behaviors in college students: An application of problem-behavior theory. Psychology of Addictive Behaviors 27 (1): 133–141.

Deci EL; Ryan RM (1985) Intrinsic Motivation and Self-Determination in Human Behavior. US: Springer.

Deci EL, Ryan RM (2000) The »What« and »Why« of Goal Pursuits: Human Needs and the Self-Determination of Behavior. Psychological Inquiry 11 (4): 227–268.

Dong G, Liu X, Zheng H et al. (2019) Brain response features during forced break could predict subsequent recovery in internet gaming disorder: A longitudinal study. Journal of psychiatric research 113: 17–26.

Döpfner M, Plück J, Kinnen C (2014) Deutsche Schulalter-Formen der Child Behavior Checklist von Thomas M. Achenbach. Elternfragebogen über das Verhalten von Kindern und Jugendlichen (CBCL/6–18R), Lehrerfragebogen über das Verhalten von Kindern und Jugendlichen (TRF/6–18R), Fragebogen für Jugendliche (YSR/11–18R). Göttingen: Hogrefe.

Erevik EK, Landrø H, Mattson ÅL et al. (2022) Problem gaming and suicidality: A systematic literature review. Addictive behaviors reports 15: 100419.

Eschenbeck H, Knauf R-K (2018) Entwicklungsaufgaben und ihre Bewältigung. In: Arnold Lohaus (Hrsg.): Entwicklungspsychologie des Jugendalters. Berlin, Heidelberg: Springer Berlin Heidelberg: 23–50.

Fahrenberg J, Myrtek M, Schumacher J et al. (2000) Fragebogen zur Lebenszufriedenheit. 1. Auflage. Göttingen: Hogrefe.

Faltýnková A, Blinka L, Ševčíková A et al. (2020) The Associations between Family-Related Factors and Excessive Internet Use in Adolescents. International journal of environmental research and public health 17: 1754–1765.

Feierabend S, Plankenhorn T, Rathgeb T (2017) FIM-Studie 2016: Familie, Interaktion, Medien. Untersuchung zur Kommunikation und Mediennutzung in Familien. Hrsg. v. Medienpädagogischer Forschungsverbund Südwest. Stuttgart.

Feierabend S, Rathgeb T, Kheredmand H et al. JIM-Studie 2024. Hrsg. v. Medienpädagogischer Forschungsverbund Südwest. Stuttgart.

Fidan A, Seferoglu SS (2020) Online Environments and Digital Parenting: An Investigation of Approaches, Problems, and Recommended Solutions. Bartin University Journal of Faculty of Education 9 (2): 352–372.

Fincham GW, Strauss C, Montero-Marin J et al. (2023) Effect of breathwork on stress and mental health: A meta-analysis of randomised-controlled trials. Scientific Reports 13 (1): 432.

Fritzsche K, Wetzel-Richter D (2016) Was wirkt? – Allgemeine Wirkfaktoren ärztlicher Interventionen. In: K. Fritzsche, W. Geigges, D. Richter und M. Wirsching (Hrsg.): Psychosomatische Grundversorgung. Berlin, Heidelberg: Springer Berlin Heidelberg: 75–87.

Gelder B de, Borst AW de, Watson R (2015) The perception of emotion in body expressions. Wiley interdisciplinary reviews. Cognitive science 6 (2): 149–158.

Gordon T (2022) Familienkonferenz: Die Lösung von Konflikten zwischen Eltern und Kind (Parenting Effectiveness Training 1970). München: Heyne.

Günthner A, Batra A (2022) Stressmanagement und Burnout-Prävention. Der verhaltenstherapeutische Weg. Stuttgart: Kohlhammer.

Han DH, Kim SM, Lee YS et al. (2012) The effect of family therapy on the changes in the severity of on-line game play and brain activity in adolescents with on-line game addiction. Psychiatry research 202 (2): 126–131.

Hanke S, Brecht L, Petersen K et al. (2022) Vorbereitung eines Onlinetrainings für Eltern von Jugendlichen und jungen Erwachsenen mit Internetnutzungsstörungen. Kindheit und Entwicklung 31 (4): 1–10.

Hapke U, Maske UE, Scheidt-Nave C et al. (2013) Chronischer Stress bei Erwachsenen in Deutschland: Ergebnisse der Studie zur Gesundheit Erwachsener in Deutschland (DEGS1). Bundesgesundheitsblatt, Gesundheitsforschung, Gesundheitsschutz 56 (5–6): 749–754.

Hinsch R, Pfingsten U (2015) Gruppentraining sozialer Kompetenzen GSK. Weinheim: Beltz.

Jahic M (2018) Vom Hobbyzocker zum Pro-Gamer. Heidelberg: Polarise.

Jeong EJ, Kim DH (2011) Social Activities, Self-Efficacy, Game Attitudes, and Game Addiction. Cyberpsychology, Behavior, and Social Networking 14 (4): 213–221.

Johnson DI, Formosa J, Perry R et al. (2022) Unsatisfied needs as a predictor of obsessive passion for videogame play. Psychology of Popular Media 11 (1): 47–55.

Kalmus V, Blinka L, Olafsson K (2015) Does it matter what mama says: Evaluating the Role of Parental Mediation in European Adolescents' Excessive Internet use. Children @ Society 29 (2): 122–133.

Kammerl R; Hirschhäuser L; Rosenkranz M et al. (2012) Exzessive Internetnutzung in Familien – Zusammenhänge zwischen der exzessiven Computer- und Internetnutzung Jugendlicher und dem (medien)erzieherischen Handeln in den Familien. Lengerich: Pabst Science.

Kammerl R, Wartberg L (2018) Zusammenhänge zwischen problematischer Internetnutzung im Jugendalter und Medienerziehung in der Familie. Praxis der Kinderpsychologie und Kinderpsychiatrie 67: 134–153.

Krähemann R, Seifritz E (2019) Krank durch chronischen Stress. Der Neurologe & Psychiater 20 (4): 38–48.

Kveton P, Jelinek M (2016) Parenting Styles and their Relation to Videogame Addiction. International Journal of Psychological and Behavioral Sciences 10 (6): 1961–1964.

Lalande D, Vallerand RJ, Lafrenière M-AK et al. (2017) Obsessive Passion: A Compensatory Response to Unsatisfied Needs. Journal of personality 85 (2): 163–178.

Lam LT (2020) The Roles of Parent-and-Child Mental Health and Parental Internet Addiction in Adolescent Internet Addiction: Does a Parent-and-Child Gender Match Matter? Frontiers in public health 8: 142.

Lam LT, Wong EM (2015) Stress moderates the relationship between problematic Internet use by parents and problematic Internet use by adolescents. The Journal of adolescent health: official publication of the Society for Adolescent Medicine 56 (3): 300–306.

Lin C-H, Lin S-L, Wu C-P (2009) The effects of parental monitoring and leisure boredom on adolescents' Internet addiction. Adolescence 44 (176): 993–1004.

Lin P-Y, Lin H-C, Lin P-C et al. (2020) The association between Emotional Regulation and Internet Gaming Disorder. Psychiatry research 289: 113060.

Lindenberg K, Halasy K, Schoenmaekers S (2017) A randomized efficacy trial of a cognitive-behavioral group intervention to prevent Internet Use Disorder onset in adolescents: The PROTECT study protocol. Contemporary clinical trials communications 6: 64–71.

Lindenberg K, Halasy K, Szász-Janocha C et al. (2018) A Phenotype Classification of Internet Use Disorder in a Large-Scale High-School Study. International journal of environmental research and public health 15 (4).

Liu Q-X, Fang X-Y, Yan N et al. (2015) Multi-family group therapy for adolescent Internet addiction: exploring the underlying mechanisms. Addictive Behaviors 42: 1–8.

Livingstone S, Bober M (2004) UK children go online: Surveying the experiences of young people and their parents. London: London School of Economics and Political Science. Online verfügbar unter www.children-go-online.net, zuletzt geprüft am 25.11.2020.

Lopez-Fernandez O, Kuss DJ (2020) Preventing Harmful Internet Use-Related Addiction Problems in Europe: A Literature Review and Policy Options. International journal of environmental research and public health 17 (11).

Männikkö N, Ruotsalainen H, Miettunen J et al. (2020) Problematic gaming behaviour and health-related outcomes: A systematic review and meta-analysis. Journal of Health Psychology 25 (1): 67–81.

Marrero RJ, Fumero A, Voltes D et al. (2021) Individual and Interpersonal Factors Associated with the Incidence, Persistence, and Remission of Internet Gaming Disorders Symptoms in an Adolescents Sample. International journal of environmental research and public health 18 (21).

Martins MV, Formiga A, Santos C et al. (2020) Adolescent internet addiction – role of parental control and adolescent behaviours. International journal of pediatrics & adolescent medicine 7 (3): 116–120.

Mattejat F, Remschmidt H (2006) Inventar zur Erfassung der Lebensqualität bei Kindern und Jugendlichen. Ratingbogen für Kinder, Jugendliche und Eltern. Göttingen: Hogrefe.

Meerkerk GJ, van den Eijnden RJ, Vermulst A (2009) The Compulsive Internet Use Scale (CIUS): Some Psychometric Properties. Cyber Psychology & Behavior (12): 1–6.

Moll B, Thomasius R (2019) Kognitiv-verhaltenstherapeutisches Gruppenprogramm für Jugendliche mit abhängigem Computer- oder Internetgebrauch Das »Lebenslust statt Onlineflucht«-Programm. 1. Auflage. Göttingen: Hogrefe.

Montag C (2018) Homo Digitalis. Wiesbaden: Springer Fachmedien Wiesbaden.

Montag C, Zhao Z, Sindermann C et al. (2018) Internet Communication Disorder and the structure of the human brain: initial insights on WeChat addiction. Scientific Reports 8 (1): 2155.

Pan Y-C, Chiu Y-C, Lin Y-H (2020) Systematic review and meta-analysis of epidemiology of internet addiction. Neuroscience & Biobehavioral Reviews 118: 612–622.

Park SK, Kim JY, Cho CB (2008) Prevalence of Internet addiction and correlations with family factors among South Korean adolescents. Adolescence 43 (172): 895–909.

Paschke K, Austermann MI, Thomasius R (2021) Assessing ICD-11 gaming disorder in adolescent gamers by parental ratings: Development and validation of the Gaming Disorder Scale for Parents (GADIS-P). Journal of behavioral addictions.

Petersen K, Hanke S, Bieber L et al. (2017) Angebote bei internetbasiertem Suchtverhalten. Lengerich: Pabst.

Pourmand A, Roberson J, Caggiula A et al. (2019) Social Media and Suicide: A Review of Technology-Based Epidemiology and Risk Assessment. Telemedicine journal and e-health: the official journal of the American Telemedicine Association 25 (10): 880–888.

Przybylski AK (2014) Electronic gaming and psychosocial adjustment. Pediatrics 134 (3): e716–22.

Rehbein F, Baier D (2013) Family-, Media-, and School-Related Risk Factors of Video Game Addiction. Journal of Media Psychology 25 (3): 118–128.

Rehbein F, Baier D, Kleimann M et al. (2015) Computerspielabhängigkeitsskala. Ein Verfahren zur Erfassung der Internet Gaming Disorder nach DSM-5. 1. Auflage. Göttingen: Hogrefe.

Rogers CR (1980) A Way of Being. Boston: Houghton Mifflin Company.

Rosenberg MB (2001) Gewaltfreie Kommunikation. Eine Sprache des Lebens. 12. Aufl. Paderborn: Junfermann Verlag.

Rumpf H-J, Batra A, Bischof A et al. (2021) Vereinheitlichung der Bezeichnungen für Verhaltenssüchte. Sucht 67 (4): 181–185.

Sampasa-Kanyinga H, Hamilton HA, Goldfield GS et al. (2022) Problem Technology Use, Academic Performance, and School Connectedness among Adolescents. International journal of environmental research and public health 19 (4).

Schneider LA, King DL, Delfabbro PH (2017) Family factors in adolescent problematic Internet gaming: A systematic review. Journal of behavioral addictions 6 (3): 321–333.

Schulz von Thun F (2020) Miteinander reden 1: Störungen und Klärungen: Allgemeine Psychologie der Kommunikation. 57. Aufl. Reinbek bei Hamburg: Rowohlt-Verlag.

Sedgwick R, Epstein S, Dutta R et al. (2019) Social media, internet use and suicide attempts in adolescents. Current opinion in psychiatry 32 (6): 534–541.

Siste K, Hanafi E, Jamtani D et al. (2020) Gaming Disorder and Parenting Style: A Case Series. Addictive Disorders & Their Treatment 19 (3): 185–190.

Statistisches Bundesamt Pressemitteilung Nr. 411 vom 16. Oktober 2020: Väter bei Geburt von Kindern im Jahr 2019 im Durchschnitt 34,6 Jahre alt. Hrsg. v. Statistisches Bundesamt. Online verfügbar unter https://www.destatis.de/DE/Presse/Pressemitteilungen/2020/10/PD20_411_12.html, zuletzt geprüft am 10.10.2023.

Steinbüchel TA, Herpertz S, Külpmann I et al. (2017) Internetabhängigkeit, Suizidalität und selbstverletzendes Verhalten – Ein systematisches Review. Psychotherapie, Psychosomatik, medizinische Psychologie 68 (11): 451–461.

Sublette VA, Mullan B (2012) Consequences of Play: A Systematic Review of the Effects of Online Gaming. International Journal of Mental Health and Addiction 10 (1): 3–23.

Szász-Janocha C, Vonderlin E, Lindenberg K (2020) Treatment outcomes of a CBT-based group intervention for adolescents with Internet use disorders. Journal of behavioral addictions 9 (4): 978–989.

Tafà M, Baiocco R (2009) Addictive Behavior and Family Functioning During Adolescence. The American Journal of Family Therapy 37 (5): 388–395.

Thormann J, Tietze K (2019) ESCapade: Interventionsprogramm für Familien und Kinder mit problematischer Mediennutzung. In: Stephan Rietmann, Maik Sawatzki und Mathias Berg (Hrsg.): Beratung und Digitalisierung. Wiesbaden: Springer Fachmedien Wiesbaden (15): 341–352.

Throuvala MA, Janikian M, Griffiths MD et al. (2019) The role of family and personality traits in Internet gaming disorder: A mediation model combining cognitive and attachment perspectives. Journal of behavioral addictions 8 (1): 48–62.

Titze K, Wiefel A, Assheuer J et al. (2010) Der Elternbildfragebogen für Kinder und Jugendliche (EBF-KJ). Diagnostica 56 (2): 68–81.

Tóth-Király I, Morin AJ, Hietajärvi L et al. (2021) Longitudinal Trajectories, Social and Individual Antecedents, and Outcomes of Problematic Internet Use Among Late Adolescents. Child Development 92 (4): e653-e673.

Valcke M, Bonte S, Wever B de et al. (2010) Internet parenting styles and the impact on Internet use of primary school children. Computers & Education 55 (2): 454–464.

Vallerand RJ, Blanchard CM, Mageau GA et al. (2003) Les passions de l›âme: On obsessive and harmonious passion. Journal of Personality and Social Psychology 85: 756–776.

van den Eijnden RJ, Spijkerman R, Vermulst AA et al. (2010) Compulsive internet use among adolescents: bidirectional parent-child relationships. Journal of abnormal child psychology 38 (1): 77–89.

van Petegem S, Ferrerre E de, Soenens B et al. (2019) Parents' Degree and Style of Restrictive Mediation of Young Children's Digital Gaming: Associations with Parental Attitudes and Perceived Child Adjustment. Journal of Child and Family Studies 28 (5): 1379–1391.

Villani D, Carissoli C, Triberti S et al. (2018) Videogames for Emotion Regulation: A Systematic Review. Games for health journal 7 (2): 85–99.

Wacks Y, Weinstein AM (2021) Excessive Smartphone Use Is Associated With Health Problems in Adolescents and Young Adults. Frontiers in psychiatry 12.

Wartberg L, Kriston L, Kramer M et al. (2017) Internet gaming disorder in early adolescence: Associations with parental and adolescent mental health. European psychiatry: the journal of the Association of European Psychiatrists 43: 14–18.

Wartberg L, Kriston L, Thomasius R (2020) Internet gaming disorder and problematic social media use in a representative sample of German adolescents: Prevalence estimates, comorbid depressive symptoms and related psychosocial aspects. Computers in Human Behavior 103: 31–36.

Wartberg L, Lindenberg K (2020) Predictors of Spontaneous Remission of Problematic Internet Use in Adolescence: A One-Year Follow-Up Study. International journal of environmental research and public health 17 (2).

Weinstein A, Lejoyeux M (2020) Neurobiological mechanisms underlying internet gaming disorder. Dialogues in clinical neuroscience 22 (2): 113–126.

Weinstein A, Livny A, Weizman A (2017) New developments in brain research of internet and gaming disorder. Neuroscience and biobehavioral reviews 75: 314–330.

Wölfling K, Beutel ME, Bengesser I (2022) Computerspiel- und Internetsucht – Ein kognitiv-behaviorales Behandlungsmanual. 2. Auflage. Stuttgart: Kohlhammer.

Wu CS, Wong HT, Yu KF et al. (2016a) Parenting approaches, family functionality, and internet addiction among Hong Kong adolescents. BMC Pediatrics 16: 130.

Wu JY, Ko H-C, Wong T-Y et al. (2016b) Positive Outcome Expectancy Mediates the Relationship Between Peer Influence and Internet Gaming Addiction Among Adolescents in Taiwan. Cyberpsychology, Behavior, and Social Networking 19 (1): 49–55.

Xin M, Xing J, Pengfei W et al. (2018) Online activities, prevalence of Internet addiction and risk factors related to family and school among adolescents in China. Addictive behaviors reports 7: 14–18.

Xu J, Shen L, Yan, Chong-huai, Hu, Howard et al. (2014) Parent-adolescent interaction and risk of adolescent internet addiction: a population-based study in Shanghai. BMC Psychiatry 14 (112): 1–11.

Xu Z, Turel O, Yuan Y (2012) Online game addiction among adolescents: motivation and prevention factors. European Journal of Information Systems 21 (3): 321–340.
Yalom ID (2015) Theorie und Praxis der Gruppenpsychotherapie (Leben Lernen, Bd. 66): Ein Lehrbuch. 66 Bände: Klett-Cotta.
Yen J-Y, Yeh Y-C, Wang P-W et al. (2017) Emotional Regulation in Young Adults with Internet Gaming Disorder. International journal of environmental research and public health 15 (1).
Yen J-Y, Yen C-F, Chen C-C et al. (2007) Family factors of internet addiction and substance use experience in Taiwanese adolescents. Cyberpsychology & behavior: the impact of the Internet, multimedia and virtual reality on behavior and society 10 (3): 323–329.
Zhang A, Rau P-LP (2021) A Review and Reappraisal of Social Media Misuse: Measurements, Consequences, and Predictors. International Journal of Human–Computer Interaction 37 (1): 1–14.